产学合作创新知识存量与知识转移：
理论、测度与应用

王文静◎著

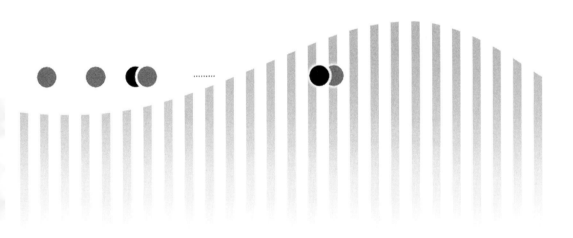

KNOWLEDGE STOCK AND KNOWLEDGE TRANSFER OF
UNIVERSITY-INDUSTRY INNOVATION COLLABORATION:
THEORY, MEASUREMENT AND APPLICATION

经济管理出版社
ECONOMY & MANAGEMENT PUBLISHING HOUSE

图书在版编目（CIP）数据

产学合作创新知识存量与知识转移：理论、测度与应用/王文静著 . —北京：经济管理出版社，2022.6

ISBN 978-7-5096-8551-8

Ⅰ . ①产⋯　Ⅱ . ①王⋯　Ⅲ . ①产学合作—研究—中国　Ⅳ . ①G520

中国版本图书馆 CIP 数据核字（2022）第 119806 号

组稿编辑：任爱清
责任编辑：任爱清
责任印制：黄章平
责任校对：蔡晓臻

出版发行：经济管理出版社
　　　　　（北京市海淀区北蜂窝 8 号中雅大厦 A 座 11 层　100038）
网　　址：www. E-mp. com. cn
电　　话：（010）51915602
印　　刷：唐山玺诚印务有限公司
经　　销：新华书店
开　　本：720mm×1000mm/16
印　　张：12. 75
字　　数：234 千字
版　　次：2022 年 8 月第 1 版　2022 年 8 月第 1 次印刷
书　　号：ISBN 978-7-5096-8551-8
定　　价：88. 00 元

前　言

在以知识经济为主导的增长模式下，知识和技术已超越传统生产要素，成为经济持续增长的第一动力。科技创新已成为提高社会生产力和综合国力的战略支撑。实施创新驱动发展战略的总体部署需加快建设与完善国家创新体系，建设各类创新主体协同互动和创新要素顺畅流动、高效配置的生态系统，明确企业、院所、高校、社会组织等各类创新主体功能定位，构建开放高效的创新网络。其中，产学合作（University-industry collaboration）是国家创新体系中较活跃的组成部分。2021 年，《中华人民共和国国民经济和社会发展第十四个五年规划和2035 年远景目标纲要》提出要积极推进"形成以企业为主体、市场为导向、产学研用深度融合的技术创新体系"。然而，中国的国家创新体系建设初成，仍存在大学及科研机构科技成果转化率低、企业吸收能力差，大学与企业知识转移不通畅、科技与经济"两张皮"的问题。因此，有必要深入探讨产学合作的知识积累与转移过程，促进大学与企业知识耦合，为企业创新提供所需外部知识，同时完善国家创新体系建设。

大学与企业存在知识势差与异质性，产学合作为二者知识耦合提供了可能、促进了产学优势互补。产学合作积累的知识能够优化企业的结构资本、促使企业提高自身学习能力、完善创新机制，从而提高企业创新绩效以及整体经营效率。本书立足产学协同创新生态系统的知识积累过程，梳理多维度产学合作关系，创新性地提出产学合作创新知识存量测算的基础方法。该知识存量的测算为更广泛、深入地讨论产学合作的重要作用奠定了数据基础。围绕复杂的知识转移过程，本书系统分析了产学合作创新中各类要素的关系及影响机制，科学构建产学合作知识转移网络，揭示创新主体与知识要素之间的关系，发现产学合作知识存量、知识转移对企业创新、区域创新的重要作用。针对作为最新合作创新范式的创新联合体问题，本书从创新生态系统群落视角出发对其进行深入讨论。

本书重视发挥统计学科统计测算与数据方法优势，整合国家数据、区域数据、产业数据、企业数据以及专利数据等多维度、多源异构数据，基于国民经济核算理论与永续盘存法具体测算了产学合作创新的知识存量。同时，通过对创新生态系统、创新网络、创新群落的理论分析，基于复杂网络模型，解析产学合作知识转移路径，分析和解释产学合作知识积累与知识转移对企业创新、区域创新的重要作用，为建立和完善协同创新体系提供借鉴。

本书具体结构如下：

第一篇：理论篇。本篇首先讨论了产学合作知识存量测算及效应分析的研究意义、概念界定、发展脉络、研究内容以及所使用的研究方法。其次，系统阐述了创新理论、创新系统理论、创新生态系统理论、知识溢出理论与经济增长理论，为本书研究提供理论基础。

第二篇：测度篇。本篇的核心内容是开展产学知识存量测度、知识转移网络构建以及产学合作创新群识别。首先，本篇基于国民经济核算原理合理估计了产学合作各期投资，并采用永续盘存法测算了我国产学合作模式下整体与区域的知识存量。此外，基于此测算结果衡量并展现我国产学合作知识存量整体规模、区域格局与空间特征。其次，本篇区分了产学专利合作的不同形式，结合社会网络分析、知识图谱分析技术讨论了产学或专利合作网络结构演变与知识流动情况。本篇进一步分别以创新主体、技术领域、区域为节点构建合作网络，分析网络结构及节点角色特征。最后，本篇在创新生态系统理论基础下，通过开展群落识别、静态特征与动态特征描述，全面刻画了产学合作创新群落。本篇开展的知识存量测算、网络构建与群落识别研究为后续应用研究奠定了基础。

第三篇：应用篇。本篇的核心内容是讨论产学合作知识积累与知识转移的应用。首先，本篇讨论了产学合作与区域创新绩效的关系，即将产学合作与自主研发纳入统一知识生产函数框架以考察区域创新系统中产学合作的创新效应。本篇兼论了产学合作与内部研发之间的"协同"与"替代"关系。其次，本篇开展了产学合作创新效应调节因素分析，具体研究了产学合作在影响技术创新绩效时面临的异质性吸收能力门槛约束以及创新政策的调节作用。再次，本篇考察了产学合作知识转移的溢出效应，试图发现创新前沿地区在提升后发地区创新绩效中发挥的积极作用。最后，本篇落脚于实践，探索了产学合作模式与统计体系。以中关村科技园区几类典型的产学合作模式为例，具体分析了我国产学合作的实施模式。在产学合作统计方面，追踪了国际组织针对产学合作统计构建的概念框架、统计范围以及具体统计指标。同时，结合我国实际情况，全面分析了产学合作统计数据收集依托的若干官方统计工作，厘清了产学合作相关数据来源。

本书全方位讨论了产学合作创新的知识积累与知识转移过程，并在多源异构数据支持下，运用前沿统计方法与网络模型对这一理论开展科学测度与实证研究。测度结果支持了我国产学合作知识存量是协同创新体系中较活跃的力量，其增速较快。产学合作知识存量有明显的区域集聚现象且不同区域呈现出知识喷泉、知识海绵、知识中介与知识孤岛的异质表现。知识依赖型行业更有动力开展产学合作，交通运输设备制造业，医药制造业，化学原料和化学制品制造业以及计算机、通信和其他电子设备制造业等技术密集行业的产学合作知识存量较大。知识转移过程研究发现，产学联合申请网络呈现边缘融合趋势，网络连通性不断加强。知识转移呈现明显的技术领域选择特征，各领域知识吸收、扩散能力差异较大。创新群落研究发现，中国产学创新群落呈现单中心和多中心两种典型结构，并正在从"本地化"向"专业化"发展。应用研究发现，产学合作知识存量能够显著提升所在区域企业的创新产出，但同时对企业自主研发有"挤出效应"。企业层面的研究发现，产学合作知识存量显著提高了大中型工业企业的创新产出并对其存在非线性影响。企业吸收能力对产学合作的创新效应存在调节作用。此外，创新政策中的连接性政策能够促进产学合作创新效应，但随着政策力度增强，该调节作用边际递减。管理政策与规划政策的调节效应呈现非单调曲线分布，即跨越临界点之后，将会减弱产学合作对企业创新绩效的提升作用。跨区域的产学合作知识溢出对后发地区产学合作创新绩效的提升作用大于其区域内知识存量，说明跨区域知识溢出带来的外部知识对后发地区实现创新追赶更有利。

自20世纪90年代以来，我国产学合作创新实践已有三十余年历史，本书从产学合作知识积累与知识转移出发，探索了产学合作在提升企业、区域乃至国家创新绩效中所发挥的重要作用。本书的研究对构建与完善国家创新系统、提高中国创新竞争力、实施创新驱动发展战略有积极启示作用。

王文静

2022 年 3 月 20 日

目　录

第三篇　应用篇

第一篇　理论篇

第一章 导 论

第一节 研究意义

产学合作（University-industry Collaboration）是国家创新系统主体互动关系的重要组成部分，也是开放式创新背景下企业为提升创新绩效、保持竞争力普遍采用的创新模式之一。党的十九届五中全会指出，要坚持创新在我国现代化建设中的核心地位，把科技自立自强作为国家发展的战略支撑，深入实施创新驱动发展战略。党的十九大报告[①]明确指出，要"深化科技体制改革，建立以企业为主体、市场为导向、产学研深度融合的技术创新体系，加强对中小企业创新的支持，促进科技成果转化"。早在 2016 年颁布的《国家创新驱动发展战略纲要》中指出"建设各类创新主体协同互动和创新要素顺畅流动、高效配置的生态系统"。2016 年我国企业创新年度调查资料显示，全部调查企业中与高校开展产学合作的企业占比为 5.19%，其中工业企业该比重为 7.9%。产学合作企业占比在企业全部创新合作关系中仅低于客户、供应商合作占比，在横向伙伴中最高。在企业全部合作关系中仅次于客户与供应商，在横向合作伙伴[②]中占比最高。由此可见，产学合作在企业创新合作中占有重要地位。与发达国家相比，2012~2014 年欧盟 28 国企业与高校或科研机构创新合作比重已达到 13.1%[③]，而 2016 年我国该占比仅为 8.36%，差距明显。本书关注产学合作知识存量测算、知识转移及其创新效应，具有多层次研究背景。

---

① 党的十九大报告全文网站 http://www.gov.cn/zhuanti/19thcpc/baogao.htm。
② 企业横向合作伙伴包括高等院校、研究机构、行业协会、竞争对手或同行业企业。
③ 经济合作与发展组织（Organization for Economic Co-operation and Development，OECD）与欧盟企业创新调查，数据为 2012~2014 年。

一、创新对推动社会经济增长发挥着重要作用

我国创新对经济发展的驱动力度正在加强，创新能力与竞争力的国际地位差距缩小。由世界知识产权组织（World Intellectual Property Organization，WIPO）、康奈尔大学与欧洲工商管理学院联合发布的"2018 年全球创新指数"（Global Innovation Index，GII）显示，我国创新能力排名为 17，首次跻身前 20 之列。创新指数排名前十的国家为荷兰、瑞典、英国、新加坡、美国、芬兰、丹麦、德国和爱尔兰。在 2017 年由世界经济论坛发布的《2017-2018 年全球竞争力报告》中，我国整体竞争力排第 27 位。排名前十的国家和地区依次为瑞士、美国、新加坡、荷兰、德国、中国香港、瑞典、英国、日本与芬兰。这两组数据显示创新实力强劲的国家国际竞争力也较强（前十位中美国、瑞典、荷兰、德国、芬兰同时出现在两个榜单）。这一结果体现了创新对经济发展的主要驱动作用。同时，我国创新指数与国际竞争力指数国际地位差距缩小，此前几年，我国竞争力排名一直较多地落后于创新指数排名，可见我国经济增长已逐步从投资推动、贸易拉动向创新驱动的转变。

二、技术发展与融合催生创新合作

在新经济背景下，我国的科技创新日新月异，当前呈现出的新特点是技术进步推动产业的发展进程更加迅速，融合更为紧密。技术研发的生命周期不断缩短，跨领域合作成为常态。这些趋势与现状增加了企业研发的不确定性，使创新成本上升。当前市场中任何一项新兴的技术领域几乎都跨越了传统的学科分类，技术组合发生的"复合效应"催生新技术的产生，技术融合已逐渐成为新的技术进步方式。与此同时，技术复杂度大幅度提升，企业仅依靠自身力量进行技术攻关，已经难以追赶技术进步的步伐。广泛借助企业外部资源开展创新合作以提升自身创新能力、保持市场竞争力已成为技术创新的主导模式。

为了克服研发阶段内部知识不足的困境，企业倾向于与基础研究实力强的大学、科研机构开展合作，加强合作研发，加速技术创新。此外，在更宽广的创新链条之中，技术融合将逐步推进业务融合、市场融合直至产业融合，企业需在产业价值链生产的各环节，与外部企业、生产者与用户之间加强创新合作。

我国企业的创新合作意识仍较弱，合作水平与发达国家相比还处于劣势。经济合作与发展组织和欧盟统计局组织开展的创新调查（Community Innovation Survey，CIS）最新数据显示，2012~2014 年欧盟 28 国开展创新合作的企业占全部企业的平均比重为 33.1%。2014 年我国企业创新调查数据显示，开展创新合作的企业占全部企业的 20.1%，低于欧盟平均水平。

三、研发活动类型互补为合作提供前提

企业是我国研发活动的主体，连续十年来企业的研发（Research and Development，R&D）经费支出占全国 R&D 经费总支出的比重稳定维持在 70% 以上，而高等院校的 R&D 经费支出占比则在 10% 以下。但从开展的 R&D 活动类型来看，企业主要从事下游的试验发展，侧重技术应用环节；而大学则更重视上游的基础研究与应用研究。两部门在基础研究、应用研究与试验发展上的支出分配呈现出完全不同的现象：在 2016 年全国基础研究支出中，企业占比仅为 3.16%，高校占 52.55%。企业与高校在主体研发活动类型上的互补造成知识资本异质是产学合作达成的前提之一，知识资本是连接产学合作的纽带。

产学合作为企业提供了异质性知识来源，合作积累的知识能够优化企业的结构资本。产学合作异质性知识的介入能够促使企业提高自身学习能力、知识管理能力，完善创新机制，从而提高企业创新绩效以及整体经营效率。

四、合作知识溢出提升区域创新产出

虽然我国整体创新竞争力处于世界领先水平，但各区域的创新能力发展仍不平衡。由中国科技发展战略研究小组发布的《中国区域创新能力评价报告 2017》显示，我国区域创新能力格局表现为"领跑者""追赶者"与"落后者"三个层级。以广东、浙江、江苏、北京、上海等省份为代表的领跑者，在创新资源、创新环境等方面都表现出绝对优势，而西北、西南地区的部分省份则在这些领域较为落后。

为了实现区域创新能力协调发展的目标，可借助政府的行政手段，重新布局创新资源，但这一手段可能会干扰市场规律，造成创新资源错配与浪费，从长期来看并不利于创新效率的提高。相比之下，遵循市场规律的区域创新合作在帮助后发地区的创新追赶中能够发挥更多优势。基于合作关系的知识溢出能够突破地理局限与组织边界，扩散到后发地区，减少"知识孤岛"的存在。通过合作，相对落后的地区能够间接享受到"领跑"地区的创新资源，吸收先进的技术与经验，从而提升本地区的创新绩效。

第二节　概念界定

一、从创新主体角度理解产学合作

产学合作是当今世界各国普遍采用，实现企业、高校创新优势互补，加强区域创新系统中主体间联系进而提升企业或区域经济效益的有效组织形式。广义的产学合作是指产业界与学术界的合作，狭义上的产学合作是指企业和高等院校进行的合作与交流。本书探讨的产学合作是指企业、大学以市场为导向，开展的各种形式的研发合作。

实践中还有一系列类似的概念频繁出现。"产学研合作""产学研用结合""政产学研合作""政产学研用合作""政产学研金合作""政产学研金介合作"等概念是这一领域常见的说法，其与"产学合作"内涵的不同之处在于它们所关注的合作对象或实现目的。这些拓展的概念不仅更多地囊括了企业、高校和科研机构三类主体的互动与合作关系，还强调政府要发挥政策调控与基础服务作用，优化资源配置，且充分利用金融、科技中介等服务机制等。

另外一组值得区分的概念是研发活动与创新活动，相比研发活动，创新活动的范畴更广，研发活动一定能够带来创新，但创新并不一定全部来自研发活动，创新还包括工艺、组织等其他形式。从创新合作角度考察产学合作，一般是指企业与高校各自投入其优势资源，在其他外部组织的协同支持下共同开展创新活动。在这一过程中，高校与企业按分工原则达到风险共担、成果共享的目的。

二、从知识耦合角度理解产学合作

耦合的概念来自物理学，用来描述两个或两个以上的体系通过相互作用而彼此影响以至联合起来的现象。当前耦合概念已被广泛用于经济学、管理学领域，用来刻画相互依赖、相互作用的关系。从知识流动角度理解产学合作，其本质是企业与高校拥有的异质性知识的耦合。

要全面理解产学知识耦合，还需了解显性知识、隐性知识及其之间转化的基本概念。Nonaka 和 Takeuchi（1995）提出知识创造 SECI 过程，包括社会化（Socialization，指隐性知识之间的交流，如人员互动）、外在化（Externalization，指隐性知识转化为显性知识，如专利许可）、整合化（Combination，指显性知识之间的交流，如共同发表论文）和内在化（Internalization，指显性知识转化为隐性知识，如对外部信息的内化学习）四个阶段。

由于高校与企业研发活动类型的不同，使两者拥有异质性知识系统，企业的知识更偏重应用，而高校知识偏重基础研究。产学合作使两者异质性知识系统形成互补，实现知识耦合。

三、从合作关系角度理解产学合作

大学与企业的合作关系可分为关联型（Related Relationship）与交易型（Transactional Relationship）两类。关联型关系是指合作双方共同投入优势资源实施研发活动。在合作过程中，还将发生人员的流动、跨组织的知识流动。常见的关联型关系合作形式有合作研发、委托研发、人才交流、联合培训、共建实验室等。关联型关系较为持久，在此类合作中，企业与高校有更密集的沟通与交流，且各类设施的购置与安排能够支持长久合作。交易型关系是企业与大学直接参与技术商业化，将知识商业化作为合作目的，此类关系的建立与实现依赖完善的技术市场。交易型关系相比关联型关系较为松散，基于商业化的合作常常具有偶发性。

四、从创新生态系统角度理解产学合作

产学研协同创新生态系统（University-research-industry Innovation Ecosystem）是以大学、科研机构与企业为基本创新种群，以知识流、信息流、物质流等多元素桥接创新群落与创新环境的高质量互动体系。该系统能够有效促进创新主体良性互动、促进创新要素高效流动、助推科技创新活力。产学研协同创新生态系统的核心创新主体为大学、公共科研机构以及企业，从知识类型与知识存量角度天然地分为"科学—技术—商业"三个层次。生态系统中多个创新主体形成各自种群，依托多种形式合作形成创新群落，而"科学—技术—商业"的三个层次联动为创新过程提供动力。在协同创新系统中大学与企业以知识生产为目的的研发活动以及对具有知识属性的无形资产投资都是知识存量积累的重要途径。

第三节 研究脉络

一、产学合作起源、模式与机制

Freeman（1995）的研究已意识到科学与技术之间的密切关系以及在技术演进中扮演重要角色的"基于知识的技术"。1980 年，美国国会通过立法方式消除企业与高校之间技术转移的障碍，这项法案被命名为"拜杜法案"（Bayh-Dole Act）。"拜杜法案"取消了一直以来对高校专利权的限制，允许大学拥有专利权。这些变化将使高校在许可协议谈判中拥有更多灵活性，企业更愿意与其进行合作。实践证明，"拜杜法案"的确拉近了高校和企业之间的距离。在此之后，许多高校专门建立了技术转移办公室（Technology Transfer Office，TTO）来管理与保护其知识产权。TTO 旨在通过许可、转让等方式实现知识转移商业化与技术扩散。

1995 年前后，欧盟实施了"框架计划"（EU Framework Programmes），大量产学合作之间的关联得以建立。1985~1995 年，科研预算中来自企业的资金从 5% 增长到 9%，在工程科学以及其他科技相关学科中，其平均水平达到 20%（Meyer-Krahmer et al.，1998）。1994 年，荷兰 3.5% 的企业 R&D 由大学开展，与 1990 年相比几乎增长了一倍（Bartel，1994）。当前，经济合作与发展组织的成员国企业资助高校科研的资金比例平均为 5%，虽然体量仍不大，但增长迅速，且前景广阔。

产学合作有多种方式，最初的产学合作方式主要为知识产权转移（例如专利许可等）。Cohen 等（2002）基于企业 R&D 部门的调查发现了企业创新相关的如下渠道：专利、非正式信息交换、出版物和报告、会议、近期雇用的毕业生、许可或短期私人关系等。Schartinger 等（2001）识别了 16 种产学之间的知识交换，并将其归纳为四个类别：①合作研发（包括合作发表）；②基于合同的研究（包括咨询和资助高校研发）；③人员流动（包括产学之间的人员流动以及联合培养学生等）；④培训（高校为企业员工开展的职业培训等）。为了解释高校知识如何应用到企业，并协助其开展创新，多数研究集中在容易度量的产学关系上（Agrawal，2001）。

我国对产学合作的研究开展较晚，以 1992 年实施的"产学研联合开发工程"

为起点，至今有近30年历史。学术界在该领域奠定理论基础的研究有柳卸林（1999）在其《国家创新系统：现状与未来》一书中对我国建立国家创新体系的可行性与存在的问题进行了较为全面的论证与分析。后续，其又在国家创新体系基础上，深入讨论了区域创新体系建设的关键性因素，指出区域创新体系建设的核心是促进企业、大学、研究机构、金融机构以及中介服务机构的有效联系，促进区域内新知识的生产、扩散以及商业应用（柳卸林，2003）。陈劲在开放式创新理论与模式领域开展了大量基础性研究，其研究关注了企业开放度对创新绩效的影响、开放式创新中企业的资源配置，并完成国内首部针对开放式创新的专著《开放式创新：机理与模式》（陈钰芬和陈劲，2008），该著作结合我国国情，开发了我国企业的开放式创新模式，为企业实施开放式创新提供理论指导。他在其著作《协同创新》中，对协同创新组织模式开展了多维探索，并在全面论述协同创新理论内涵的基础上构架了协同创新框架（陈劲，2012）。

抛开官、产、学、研、金、介等多类主体，也不考虑企业与用户、供应商、竞争者之间的合作关系，仅将视野缩窄到产学合作研究中来，以下学者的代表性研究值得关注：郭晓川（2001）开展的"合作技术创新——大学与企业合作的理论和实证"研究。该项研究回顾了当时我国关于高校、企业合作创新的观点，并从大学的科技成果转化以及企业外部资源搜寻两个角度对产学合作协同创新行为的发生开展全面分析。鲁若愚（2002）对企业、高校合作创新的机理开展了深入探讨。这些基础性研究为后续不同主题、方法、视角下的衍生研究奠定了坚实基础。

基于中国实践，王文岩等（2008）总结了我国产学合作的模式分类，认为常见的几类模式有技术转让、委托研究、联合攻关、内部一体化、共建科研基地、组建研发实体、人才联合培养与人才交流以及产业技术联盟等。从具体合作模式上划分，又分为点对点、点对链以及合作网络三类。在理论模式上，何郁冰（2012）系统梳理了开放式创新、产学研协同创新的理论模式，指出"战略—知识—组织"三者互动是产学深度合作和协同发展的关键。产学合作理论的发展还催生了大量实证研究成果，本书将在后续实证章节中进行综述分析。

二、知识资本、产学合作知识流动界定与核算

知识资本是知识经济时代一种全新的资本形态，如何解释其含义在学术界有广泛讨论。根据知识资本使用场合不同，对其进行微观与宏观层面的定义区分。

在微观层面，Galbraith（1969）最早提出"知识资本"的概念，认为知识资

本是知识性活动创造的资本，具有动态性。知识资本计量研究最早可追溯到 20 世纪 80 年代初期，最具影响力的代表人物是知识资本计量"瑞典运动"之父 Sveiby。Sveiby 开创性地论证了知识资本的客观存在性及计量的必要性，并试验了无形资产方面的会计实践（Sveiby，1997）。Edvinsson 和 Sullivan（1996）认为，知识资本是企业的市场价值与账面价值之间的差距。Brooking（1996）定义知识资本是使公司得以运行的全部无形资产的总称。Bontis（1998）将知识资本分为人力资本、结构资本和顾客资本。Liebowitz 和 Wright（1999）依据知识价值分类，将知识资本划分为员工人力资本、顾客资本、结构资本与创新资本。Griliches（1986）提出，企业的知识资本与有形资本（劳动力、物质资本）共同决定企业股票市场价值。

在宏观层面，OECD 出版了系列著作对知识资本概念与度量问题开展针对性研究。1999 年出版的《知识经济》（The knawedge-based Econom）一书中指出度量"知识"这一复杂概念的基本框架，具体包括知识投入、知识存量与流量、知识产出、知识网络以及知识和学习五个方面。2013 年出版的《增长的新源泉：知识资本》（New Soucce·f Growth：Knowladge-based Capiyow）一书重点阐述了知识资本的内涵、重要性及其度量。书中指出在 21 世纪，知识相当于 19 世纪的煤或 20 世纪的油，对经济增长至关重要。在知识经济时代，知识资本已取代了传统生产要素，成为战略性资源。在知识资本的度量方面，具体介绍了 Corrado 等（2009）提出的 CHS 度量框架。该框架将知识资本支出分为三大类：计算机化的信息（Computational Information）、创新性资产（Innovative Property）和经济能力（Economic Competencies），并且给出针对每项资产的计算方法与折旧率。2013 年 OECD 出版的另一本著作《支持知识资本投资，增长与创新》（Supporting Invesfment in Knowledge Capital，Gowtb and Innovaotion）中跟进了 OECD 在知识资本度量领域的最新工作。其工作重心为如何更好地度量创新性资产，主要成果可分为投入与产出两个方面。投入方面致力于研究如何更好地核算 R&D 投资与产出，产出方面则侧重于研究专利。表 1-1 给出了 CHS 知识资本核算框架。

表 1-1　CHS 知识资本核算框架

资产类型		计算方法
计算机化信息	软件 数据库	自用、购买和客户定制的软件

续表

资产类型		计算方法
创新性资产	研发	企业研发支出
	矿产勘查	采矿业研发支出
	原创性娱乐、艺术作品	电影产业开发费用的 2 倍
	金融产品开发	金融中介服务购买价值的 20%
	新建筑与工程设计	建筑与工程咨询服务费的 50%
	人文社会科学研发	企业所购服务的 2 倍
经济能力	品牌价值	购买广告服务的支出；营销服务费用
	培训	培训期间的直接成本、工资成本
	组织资本	管理层薪酬的 20%；管理咨询服务费的 80%

资料来源：Corrado 等（2009）。

Innodrive、Conivest 以及世界大型企业联合会（Conference Board）在欧盟委员会的资助下开展了国家层面上知识资本测度的工作。其在 2012 年联合发布的一系列研究发现，主要包括三个方面：①多数发达国家的知识资本密集度高于发展中国家，且部分国家知识资本投资超过了物质资本；②知识资本的投资不只包括对研发的投资；③各国知识资本投资额和回报率表现出巨大差异。在宏观测算以外，部分学者还在企业和产业层面从不同角度进行了知识资本测度（Niebel 等，2017）。

吴延兵（2008）在研究 R&D 资本的同时，考察了国内外技术引进等外部知识资本的溢出效应，其在这一基础上分析了知识资本对生产率的影响。程惠芳等（2014）指出，为了使知识资本在我国创新驱动中更好地发挥作用，需要对不同类型知识资本进行深入探讨。其关注了知识资本中的技术资本，包括技术开发、技术改造、技术创新、技术引进和消化吸收几个方面。研究结果表明，技术开发和技术改造投入与企业全要素生产率具有显著正相关性，国内外技术引进和消化吸收对企业创新的作用减弱。

理论与实践同时证明产学合作之间有密切的知识流动。表 1-2 归纳了企业与高校之间可能的知识交互类型。Schartinger 等（2001）根据知识互动的正式化程度、隐性知识转移、人员接触方式等区分了专利许可、联合研发、共同参会、学术创业等知识协同方式。

表1-2　产学合作活动与知识交互类型划分

产学合作活动 ＼ 知识交互类型	形式化互动	隐性知识转移	个人（面对面）联系
企业雇用高校毕业生	+	+	-
联合培养学生	-	+	+
企业员工培训	+	+	+
企业与高校研究人员流动	+	+	+
合作研究项目	+	+	+
高校对企业的专利许可与转让	+	-	+
购买高校研发的原型			+
科研论文与著作合作	+	+	+

注：分类来源于 Schartinger 等（2001）；对部分类别进行了合并；"+"表示存在，"-"表示不存在。

三、知识生产框架下产学合作经济效应研究

企业与外部组织合作是获取外部知识的过程，与内部研发资本一同在企业创新过程中发挥作用。外部知识的重要性越来越受到重视（Rigby and Zook，2002），不与外界进行知识交换的企业的知识基础将削弱，同时失去与其他企业或组织建立联系的能力（Koschatzky，2001）。在技术融合的大背景下，任何企业都难以单纯依靠自身研发能力来保持创新竞争力。交易成本理论认为，外部知识可能对自主 R&D 投资产生替代（Pisano，1990），但实践经验以及实证研究都发现自身研发活动与外部知识之间存在互补关系。一部分学者采用案例研究形式，将开放式创新过程与外部知识流结合，发现内部与外部知识对快速发展的产业意义重大。Cassiman 和 Veugelers（2006）通过经济学模型展示了内外部知识之间的互补关系，基于生产函数方法的实证研究验证了这一理论模型。另外一部分学者观察到外部知识可能对企业创新产生负面影响。主要有两个原因：一是利润的减少，一项针对欧洲 107 家企业的研究表明，开放式创新使企业协调成本增加了48%；二是企业自主创新的缩减。过度依赖外部知识或技术购买，使企业自主创新能力下降，产生技术依赖。对内部、外部知识关系的探讨衍生了大量实证文献（Sehartiongr et al.，2001）。

企业的外部知识有不同类别。OECD 发布的《奥斯陆手册》对企业外部知识

来源进行了分类界定，将其划分为市场知识源、公共机构知识源和综合信息知识源三类。产学合作知识属于公共结构知识源，但此分类仍不具体。Vega-Jurado等（2009）基于企业的合作伙伴将其知识来源划分为行业知识与科学知识两类。行业知识来自客户、供应商、同行业竞争者等，而科学知识来自高校、科研院所等。他们在研究中分别考察了两种知识来源对企业创新过程的影响，发现行业知识与科学知识都能够显著促进产品创新，但两种知识源与内部知识之间没有产生协同或互补关系。

Parida等（2012）讨论了开放式创新活动对中小型企业创新产出的影响。其结果表明，不同形式的开放式创新活动将产生不同的创新产出。例如，技术购买将有利于激进型的创新产出，而技术学习则有助于提升渐进式创新产出。以上研究中都利用外部知识源的数量作为开发式创新的表征。然而，数量导向的观点忽略了一个重要事实——不同的外部知识来源对不同类型企业发挥着异质性作用。例如，与高校的合作对高科技企业的影响力相比小微企业更强，因为高科技企业研发活动密集，与高校或科研院所的交流更加密切，而小微企业往往是需求导向，与用户合作意愿更强（Gans and Stern，2003）。

由于知识具有积累性，因此从内部、外部知识角度考察还需对其进行存量测算。国外已有相关研究从企业获得知识角度进行知识存量测算，研究外部知识对企业生产率的提升作用。Lokshin等（2008）测算了荷兰制造业企业的内部、外部知识存量，并在生产函数框架下研究了外部知识存量对生产率的促进作用，该研究的不足之处是未对外部知识类别进行区分。在统一的生产函数框架下考察产学合作可以更好地讨论产学合作与内部研发之间的互动关系。

考虑到知识积累性的文献对外部知识的测度较为模糊，例如，吴玉鸣（2015）试图利用生产函数讨论企业内部研发与产学研合作之间的关系，但其研究对产学研合作的度量较为笼统，认为产学研仅为企业对大学与科研院所的研发外部支出。

创新系统中产学合作关系如何作用于创新绩效的提升？随着创新模式的发展，不同学者从理论上给出分析支持。Etzkowitz和Leydesdorff（1997）提出了著名的三重螺旋理论（或三螺旋理论）。该理论指出政府、企业和大学三者的合作关系类似生物学中的DNA螺旋结构，三者通过合作互相支持、促进，进而推动经济发展。也有理论认为产学合作会构成复杂的创新网络，技术、组织、制度之间发生的复杂的非线性作用置于网络之中，使要素有序性、协同度提高，最终通过最优化网络结构推动创新发展（Nonaka and Takeuchi，1995；魏江等，2014）。

第四节 研究内容

基于上述分析思路框架，本书各章节内容安排如下：

第一篇：理论篇。包含导论与产学合作基础理论两章。

第一章：导论。本章主要讨论了产学合作知识存量测算及效应分析的研究意义、概念界定、研究脉络、研究内容以及本书所使用的研究方法，最后总结了研究的创新点。

第二章：产学合作基础理论。

第二篇：测度篇。包含产学知识存量测度、产学合作知识转移网络以及产学合作创新群落三章内容。

第三章：产学合作知识存量测度。本章区分了产学合作中关联型与交易型合作投资估算的差异，基于国民经济核算原理合理估计了各期投资，并采用永续盘存法测算了我国产学合作模式下整体与区域的知识存量。此外，基于此测算结果衡量并展现我国产学合作知识存量整体规模、区域格局与空间特征。通过此项研究，不仅可以改变产学合作研究领域中宏观数据应用较少的现状，同时也能够扩宽产学合作的研究视角，为生产函数框架下产学合作经济效应的讨论提供可靠的存量数据基础。

第四章：产学合作知识转移网络。本章区分了产学专利合作的不同形式（联合申请、转让、实施许可），结合社会网络分析、知识图谱分析技术讨论了产学或专利合作网络结构演变与知识流动情况。本章分别以合作主体、技术领域、区域为节点构建合作网络，分析网络结构及节点角色特征。本章将专利分类号与技术领域进行匹配，并将专利申请人、专利权人的地理位置信息进行省市匹配，分别建立技术共现与区域产学专利合作网络。

第五章：产学合作创新群落。本章讨论了产学合作知识转移网络的群落特征。在创新生态系统理论基础下，通过开展群落识别、静态特征与动态特征描述，全面地刻画了产学合作创新群落，为全面理解创新群落这一新的产学合作模式奠定基础。

第三篇：应用篇，包含区域层面产学合作与创新绩效、产学合作创新效应的机制分析、产学合作知识转移的溢出效应、产学合作模式与统计体系实践四章内容。

第六章：区域层面产学合作与创新绩效。本章将产学合作与自主研发纳入统一知识生产函数框架以考察区域创新系统中产学合作的创新效应。基于此，本章还讨论了产学合作与内部研发之间的关系，试图反映产学合作知识与企业内部研发知识之间存在"协同关系"还是"替代关系"。本章进行了区域异质分析，通过对区域研发强度、产学合作深度两个指标进行样本划分，讨论不同区域内产学合作知识存量创新效应的不同表现以及与内部研发之间关系的变动。

第七章：产学合作创新效应的机制分析。本章主要研究了产学合作在影响技术创新绩效时面临的异质性吸收能力门槛约束以及创新政策的调节作用。在企业吸收能力研究方面，首先区分其不同性质，并分别进行合理测算。其次将异质性吸收能力与产学合作知识溢出、技术创新绩效联系起来，将吸收能力作为中介因素，考虑其在产学合作创新绩效发挥中的调节作用。类似地，本章还考察了在创新政策调节作用下产学合作创新效应表现出的非线性特征。

第八章：产学合作知识转移的溢出效应。本章利用第七章中构建的区域产学专利合作网络，以此作为知识溢出路径。通过区分内部溢出、外部溢出，本章分别讨论其对创新后发地区创新绩效提升所发挥的积极作用，还特别考察了创新前沿地区在提升后发地区创新绩效中发挥的核心作用。

第九章：产学合作模式与统计体系实践。本章以中关村科技园区几类典型的产学合作模式为例，具体分析了我国产学合作的具体实施模式。在产学合作统计方面，追踪了国际组织针对产学合作统计构建的概念框架、统计范围以及具体统计指标。同时结合我国实际情况，全面分析了产学合作统计数据收集依托的若干官方统计工作，厘清了产学合作相关数据来源。

第十章：结论与展望。本章在前文理论研究与实证分析的基础上，对产学合作创新知识存量作用、知识转移过程与溢出效应进行总结评述，并针对性地提出政策建议。最后针对本书的不足与局限，讨论了未来的研究方向。

第五节　研究方法

本书在开展研究过程中采用了丰富的研究方法，主要包括知识存量测算中使用的国民经济核算原理、实证研究中应用计量模型分析、专利数据开发中采用的社会网络分析与知识图谱等。本书在开展研究过程中遵循的具体研究原则包括三个方面：

（1）定性分析与定量分析相结合。本书通过定性分析厘清了产学合作与产学合作统计的基本内容，同时规范了产学合作知识存量的核算内容，并对其创新效应水平及调节因素提出理论假设。在实证分析中，首先，测算了产学合作知识存量，并基于统计指标刻画其空间分布格局；其次，利用计量模型考察了产学合作的创新效应及其与企业内部研发知识存量的关系，并针对创新效应的非线性特征考察了企业吸收能力、连接性创新政策对创新效应的调节作用。实证检验结果验证了规范分析中提出的假设。这一研究既涉及对产学合作概念界定、指标口径辨析、具体模式识别等定性分析，也包括基于数据的描述性、模型化定量分析。

（2）静态分析与动态分析相结合。本书对产学合作知识存量的空间格局进行静态分析，挖掘了各区域的产学合作特征。同时，考虑到从研发投入到创新产出需经历较漫长的过程，存在时滞性，创新产出本身也存在惯性，是一个连续的动态调整过程，因此在考察产学合作知识存量的创新效应时，采用了动态模型进行讨论。

（3）宏观数据与微观数据相结合。本书同时利用宏观数据与微观数据对产学合作进行全方位研究。首先，从合作投入角度来看，利用宏观数据测算了产学合作知识存量总量及分区域、行业的知识存量；其次，从合作产出角度分析，利用产学专利合作微观数据讨论了产学合作网络的演变、结构特征与知识流动路径。本书所使用的宏观数据具体来自官方统计中的科技统计、工业企业统计等，微观数据为产学合作申请、转让与实施许可专利的相关数据。通过将产学合作专利数据与宏观数据进行匹配，为后续产学合作知识溢出的创新效应分析提供了数据基础。

第六节　研究创新

目前测算产学合作知识存量以及在生产函数框架下讨论产学合作经济效应的文献相对较少。与其他研究相比，本书可能的创新点有以下四个方面：

（1）产学合作涉及企业、高校两大主体及其之间的合作关系，相比单一主体的知识生产与积累过程，产学合作知识存量的测算更为复杂。本书首先基于我国科技统计、企业创新统计、技术市场统计与知识产权统计中涉及的产学合作统计指标，构建了产学合作统计体系，给出产学合作度量指标。其次结合不同产学合作模式，合理估算了产学合作知识资本投资，并基于国民经济核算理论测算了知识资本存量。

（2）本书从专利产出角度刻画了产学合作关系。专利是产学合作的重要产出形式之一，但由于专利数据的海量特征，以及产学合作多种模式并存的现状，鲜有文献区分不同合作模式下的产学合作关系，并开展比较与分析。本书结合社会网络方法对专利大数据进行处理与可视化分析，丰富了该领域的研究。

（3）创新生态系统是一个结构不断演化的体系，种群、群落对应的微观、中观层面都有不同演化规律，且对各主体的创新绩效有不同影响路径。因此，本书基于创新生态系统理论，对产学合作创新生态系统群落维度的静态结构与动态演化过程开展深入探析。

（4）产学合作知识存量是企业外部知识的重要组成部分，与企业内部研发知识一并应用于企业创新过程。产学合作知识存量与内部研发知识存量之间可能存在"协同"或"挤出"关系。本书将产学合作知识存量与内部研发知识存量置于统一生产函数框架，讨论了两者的创新效应及其之间的关系。更进一步地，本书揭示了产学合作创新效应的非线性特征，并讨论了企业吸收能力与创新政策在其中发挥的调节作用。

第二章 产学合作基础理论

对产学合作的全面系统研究需建立在一定的理论基础之上。产学合作这一研究主题与内容应当基于已有创新基础理论、创新系统理论。同时产学合作在经济社会中发挥的作用及影响分析又涉及资本理论、经济增长理论。因此，本章旨在对这些理论进行梳理，为后续讨论奠定基础。具体地，在创新理论及其模式演变上，主要讨论熊彼特、新熊彼特学派（Neo-Schugpeterian）对创新理论的贡献，并着重分析了与创新模式密切相关的三重螺旋理论、创新系统、开放式创新与协同创新。在资本理论方面，分析了物质资本、人力资本到知识资本的逐步发现与演变。在经济增长理论领域，关注知识发挥的作用，介绍新古典经济学索洛模型到 Arrow 的贡献，着重分析了 Romer 的内生增长模型以及知识生产函数。

第一节 创新理论

当前创新已成为一个非常宽泛的概念，科学发现、文化创意以及制度改革等，都可被冠以创新。本书主要关注经济学范畴内的创新，即从宏观上来讲能够推动经济与社会发展的技术进步和技术变革过程。

一、熊彼特与创新

创新理论的开山之作是熊彼特的《经济发展理论》（*The Theory of Economic Development*）。熊彼特将创新的高度概括为"建立一种新的生产函数"，并从五个方面对创新概念进行了解释：一是产品创新，即企业生产新产品并将其投入市场；二是工艺创新或生产技术创新，主要是企业提出新的生产方法；三是市场创新，即企业开辟新市场；四是原材料创新，即企业获得原料或半成品的新供给来源；五是组织管理创新，即企业实施新的组织或管理模式。他认为，"创新是一个创造性的破坏过程，一定要打破旧结构，创造新结构"。熊彼特的创新理论将发展作为创新的结果，即经济发展是创新的函数，创新是经济增长的源泉。

熊彼特考虑了以企业家为主体的创新，他强调了企业家应当具备创新特质。只有具备创新精神与冒险精神的企业家，才能安排出知识、技术与资源等要素的新组合。在解释利润时，熊彼特指出创新是利润的根本来源，古典经济学中的静态均衡不会积累利润。由于创新的可复制性，一旦产生利润空间，其他企业就会尝试模仿，使利润仅能短暂存在。这一复制竞争引起的价格下跌被熊彼特称为"竞价下跌"（Competing Down）。此时经济体的均衡条件是创新被完全吸收与扩散。在解释经济周期时，熊彼特认为其发生是由于创新的非连续性导致的。创新是少数有智慧、有胆识的人的行为，在经济相对稳定时，仅有少数人能够通过创新打破僵局。

在创新模式研究中，熊彼特主要提出了"广度模式"与"深度模式"两类基本模式。"广度模式"考察了小规模企业在创新环境中的重要作用，企业家在市场上设立企业，金融市场为其各类商业活动进行融资，创新降低了进入门槛，使小规模企业能够顺利进入。而"深度模式"主要讨论大公司在创新中发挥的关键性作用。大公司利用自身研发优势积累大量知识，建立市场的进入壁垒，使新的创新者难以追赶进入。此类创新的特点是集聚，比前一模式有深度。

熊彼特的创新理论与新古典经济学的区别主要有三点：一是熊彼特首次阐述了发明的重要作用，科技发明推动进步；二是熊彼特非常强调企业家的作用；三是熊彼特强调创新是增长的源泉。熊彼特是创新理论的开山鼻祖，在经历 20 世纪 40~60 年代的凯恩斯时代后，以 Freeman、Nelson、Lundvall 等为代表的新熊彼特学派为创新理论注入了新的内涵与外延。

二、新熊彼特学派与演化经济学

新熊彼特学派与其他经济学方法的决定性差异在于其对知识、创新与企业家的强调。新颖性与不确定性是创新的两大特质，也是新熊彼特经济学的鲜明标志。具体在研究内容上，在微观层面他们关注创新与学习行为，在中观层面关注创新驱动的产业化发展，在宏观层面考察创新对经济增长以及国际竞争力，的决定性作用。

在过去的几十年里，新熊彼特学派作为经济学的一个分支，尝试在工业部门引入创新来解释动态经济变革。在对创新过程坚实的实证研究与理论探索的基础上，新熊彼特学派将其成果与思想扩展为一个广义的经济分析框架（见图 2-1）。

该框架不仅包含工业部门的创新，还包括金融部门、公共部门的协调与配合（Hanusch and Pyka，2007）。

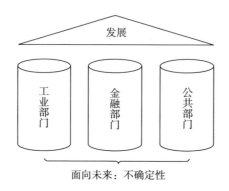

图 2-1　新熊彼特学派三支柱框架

资料来源：Horst Hanush，Andreas Pyka，Manifesto for Comprehensive Neo-Schumpeterian Economics ［J］. History of Economic Ideas，2007，15（1-2）：23-41.

演化经济学也是新熊彼特学派的贡献之一，由 Nelson 与 Winter 在其著作《经济变迁的演化理论》中提出。他们借鉴了生物进化论的"自然选择"思想——物竞天择，适者生存，认为在经济学中，企业之间相互竞争，盈利的企业不断挤占利润空间，使劣势企业被市场淘汰，类似自然界中的"自然选择"。企业要想长久立于不败之地，就需要通过不断创新来保持竞争力。

演化经济学理论融合了熊彼特的创新理论以及人类行为和组织行为两类理论。该理论独具一格之处是反对传统经济学的利润最大化（Principle of Profit Maximization）与经济均衡（Economic Equilibrium）论断。关于利润最大化，正统经济学假设企业经营目标是实现利润最大化，而演化理论则从行为主义理论角度出发，认为经济人只有有限理性，使企业决策无法实现最优，只能将经营目标设定为追求利润，而非利润最大化。

新古典经济学派关于经济均衡的基本观点是，在长期内，各种相互关联的因素都将处于相对稳定的状态，即均衡。而演化经济学理论则更关注经济的动态变化过程而非长期稳定，由于各类随机因素（例如，政治变革、自然灾害与金融危机等）的存在，经济预测难以精确。经济发展过程类似马尔科夫过程，即当前的运行状况的概率分布由此前运行状况决定。

演化经济学对创新的理解为"改变原有的惯例"。企业的惯例如同生物体的遗传基因，是在较长时间内稳定，且能够遗传给其他新企业的一套机制。与熊彼特的"创造性破坏"一脉相承，演化经济学的新惯例类似于生产要素的新组合。

三、创新系统理论

随着理论与实践的发展，创新模式也在不断地变化，到目前为止基本可以概括为四代：第一代是线性模型，具体指企业创新活动从研发、中试、生产到销售的简单线性过程；第二代是系统模型，又可细分为国家与区域不同范围内构建的创新系统；第三代是开放式创新模式，打破了企业创新活动的边界，关注企业外部创新资源的利用与合作；第四代是面向用户创新。产学合作与多类创新模式有关，它作为各类复杂创新模式的一部分出现。本节主要概括与产学合作相关的两类创新模式。

（一）国家创新系统

德国经济学家李斯特是研究国家创新系统理论的先驱，他在 19 世纪提出的"国家政治经济系统"是国家创新系统研究的基础。Freeman（1995）研究国家创新系统时将国家创新系统简单定义为"公共部门与私人部门各单位构成的网络，网络中的单位活动及其相互作用影响着新技术的启动、引入、修改和扩散"。

1993 年美国学者 Nelson 出版了著作《国家创新系统》，书中以美国、日本等国家为案例，系统分析了一国创新体系。他总结国家创新体系是大学、企业等有关机构的复合体，并指出国家创新体系理论的核心内容是在探索系统内各创新主体（包括公共研究部门、企业、政府等）之间的协同合作关系。

OECD（1996，1997）的报告中提供了一个简单的国家创新系统架构，该架构包含了企业、学术界、政府、中介机构四类组织以及四类组织之间的知识流动状况。该模型表达了创新系统中主体与主体间的知识互动是促进一国经济增长的重要驱动力，但该模型仍较为模糊，并未详细阐释各类机构在国家创新体系中扮演的不同角色，也未给出国家创新系统发挥作用的具体机制。国家创新系统结构如图 2-2 所示。

考虑到宏观环境的复杂性以及创新系统所需的各类外部支持，OECD 的后续研究中构建了另一个更加具体的国家创新系统模型。该模型不仅考虑了系统国内创新主体的合作关系，还显示了周围环境中各要素发挥的作用，例如，宏观经济与政策、教育与培训系统、产品市场环境、通信设施等。模型中的箭头指示方向指出了不同要素之间的相互影响，可看出该国家创新系统模型指示的最终目标是

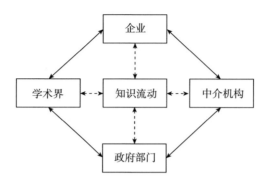

图 2-2 国家创新系统结构

资料来源：OECD. The Knowledge-basev Econorny ［R］. Paris：OECD Publishing，1996.

"国家表现"，包含增长、就业、竞争力等方面内容。具体模型架构如图 2-3 所示。

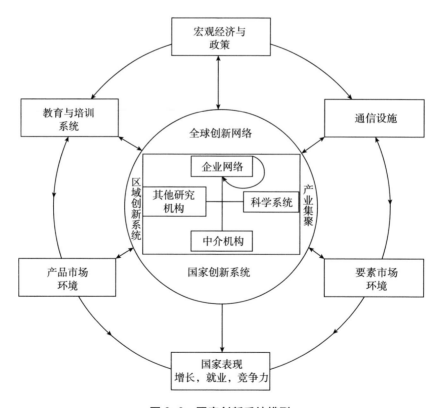

图 2-3 国家创新系统模型

资料来源：OECD. Managing National Innovation Systems ［R］. Paris：OECD Pablishing，1997。

我国《国家中长期科学和技术发展规划纲要（2006—2020 年）》[①] 中将国家创新系统定义为："以政府为主导、充分发挥市场配置资源的基础性作用、各类科技创新主体紧密联系和有效互动的社会系统。"

（二）区域创新系统

"区域"是创新驱动的知识经济中最受关注的研究维度。在国家创新系统理论基础上，也派生出区域创新系统的概念。一般认为，区域创新体系是由地理上相互分工与关联的生产企业、研究机构和高校等构成的区域性组织系统。Cooke（1992）是研究区域创新系统的先驱，他指出该系统是由企业、公共研究机构以及中介组织根据知识生产、利用及扩散机制开展互动而形成的创新系统。

区域创新系统理论根源有两个：一是演化经济学。根据演化经济学理论以及伴随着技术进步，创新系统被理解为社会进步的产物。创新是由企业内部与外部的多种因素共同驱动的。二是区域科学。区域科学关注地域性差异、空间集聚等问题，指出创新是具有区域性、本地嵌入式的活动。区域创新系统的特征是企业与知识生产组织（例如，高校、研究机构等）之间有密切合作，各类合作主体共同构成"创新友好型"区域环境。

由于国家创新系统无法反映不同发展水平地区的创新状况，因此需要区域层面的考察加以补充。事实上，不同经济发展状况的区域往往有不同成熟水平的区域创新系统。

OECD 的相关研究为区域创新系统的理论框架构建提供了参考（见图 2-4）。欧盟一些国家将区域创新系统作为分析技术创新、制定政策的框架，并以各国一些典型区域为对象发布一系列研究报告，例如，丹麦中部与南部（OECD，2012）、比利时瓦隆区（OECD，2012）、西班牙的加泰罗尼亚区（OECD，2010）、意大利的皮埃蒙特区（OECD，2009）等。OECD 诸多成员国已启动并实施了区域创新战略，特别是对于那些在创新中承担重要责任并拥有丰富资源的地区。从 20 世纪 90 年代中期开始，欧盟资助 150 多个地区，构建了"区域创新与技术转移战略"（RITTS）、"区域技术规划"（RTP）以及"区域创新战略"（RIS）。

---

① 《国家中长期科学研技术发展纲要（2006—2020 年）》全文网址 http：//www. most. gov. cn/mostinfo/xinxifenlei/gjkjgh/200811/t20081129_ 65774. htm。

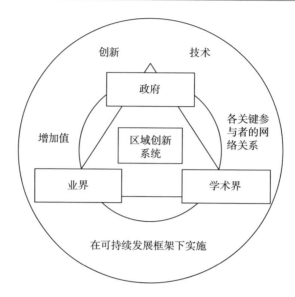

图 2-4 区域创新系统框架

资料来源：RIS Methodological Guide Stage1. ①。

图 2-4 中给出的 OECD 区域创新系统框架是对区域创新系统的高度抽象与概括，在实际应用时还需扩展到具体统计指标。欧洲区域创新记分牌（European Regional Innovation Scoreboard，RIS）是对 OECD 区域创新体系理论框架的具体应用之一。该记分牌由三级指标构成：一级指标是最核心框架，包括框架条件、投资、创新活动与影响四个层次；二级指标细分了一级指标的度量维度；三级指标给出二级指标的具体度量，具体框架内容如表 2-1 所示。

表 2-1 欧洲区域创新记分牌度量框架

一级指标/二级指标	三级指标	一级指标/二级指标	三级指标
框架条件 人力资源	新毕业的博士生	创新活动 创新主体	有产品或工艺创新的中小企业
	年龄在 25~34 岁的大学学历人口数终身学习情况		有市场与组织创新的中小企业 中小企业内部创新

---

① Björn Linnemann, Innovation Regions in Europe ［M］. Munich：GRIN Publishing.

一级指标/二级指标	三级指标	一级指标/二级指标	三级指标
科研体系	国际科学合作出版物 引用率最高的出版物占10% 海外博士生	关联	中小企业间的创新合作 公共部门与私人部门的合作出版物 企业资助公共研发支出
友好的创新环境	宽带普及率 机会驱动的创业	知识资产	PCT专利申请 商标申请 设计应用
投资金融支持	公共部门的研发投入 风险投资	就业影响	知识密集活动的就业 就业快速增长的创新型企业
企业投资	企业部门的研发投入 企业部门非研发创新支出 企业为员工提供提升ICT技能的培训	销售影响	中高科技产品出口 知识密集型服务出口 新产品销售

（三）创新生态系统理论

创新生态系统是以物质流、能量流、信息流等多元素桥接创新群落与创新环境高质量互动体系。该系统是从生态学视角重新反思创新范式的发展演化现象所形成的新概念体系，在理论与经验层面均有较强的研究意义。在理论层面，该创新范式形塑了一个共生竞合、动态演化、开放复杂的生态系统。其具有生态隐喻，由创新种群、创新群落、创新环境复合形成动态体系（张贵等，2018）。在经验层面，创新生态系统能够有效地促进主体良性互动、激发创新要素高效流动、助推科技创新活力。

在创新生态系统具体研究层次上创新生态系统可以是地理空间（如硅谷创新生态系统），也可以是一种基于产业链和价值链的虚拟网络（如苹果公司的创新生态系统）。伴随创新生态系统的理论发展，Ander（2006）首次在《哈佛商业评论》发表的论文中提出企业创新生态系统，其认为企业将创新置于核心地位，同时还需与外部合作伙伴一同构建创新链来实现创新成功。张贵等（2018）对产业创新生态系统进行了界定，认为其为创新生态系统的中观层次，强调产业边界、产业链条等。产业生态系统的衍生实证研究包括高技术产业、战略性新兴产业等。区域创新生态系统是另一个备受学者关注的层次。一些学者讨论了区域创新生态系统中创新组织群落的协同演化及其与创新环境的协同演化。其他细分层面还有开放式创新生态系统，即将开放式创新理论与创新生态系统理论融合，将开放式创新战略纳入具有整体性、多样性、动态性等本质的创新生态系统，其耦合机制与价值共创已被学者关注。

产学协同创新生态系统是从创新主体划分角度衍生出来的子生态系统。在组织视角下考察该创新生态系统，其内涵为"企业、高校多个创新主体基于技术、人才、市场、运作模式、创新文化等要素而形成的相互依赖、共生共赢的系统"。其主要特征是相互依赖性与共生共赢性。在商业环境视角下，产学协同创新生态系统的主要特征是动态性、可持续性以及共生演化性。而在生态环境视角下，产学协同创新生态系统的内涵为"把行动和过程、战略资源及文化资源作为地基性载体，人力、物质和金融作为生物群落，政策、趋势以及市场作为日照、降雨等自然供给，并将资源和行动有机地统一起来的生态系统"，其主要特征是聚合性与协调性。

第二节　创新模式

一、封闭式创新模式

封闭式创新（Closed Innovation）是最传统的创新实现模式。20 世纪 70 年代以前，企业重要的商业成功几乎都是采用封闭式创新模式实现的。在封闭式创新模式下，企业为了独占创新利润，严格保护技术秘密，仅使用本公司的资源与技术来开发产品，多采用垂直创新模式。封闭式创新模式强调企业创新活动是有边界的，且边界封闭不可渗透。在很长一段时间内，企业的封闭式创新范式取得了较大的成功，这主要是依靠企业内部研发形成的"良性循环"（Virtuous Cycle）。图 2-5 给出了一个典型的企业封闭式创新循环。

封闭式创新在经历一段时间的发展后逐步进入困境，以下几个因素打破了封闭式创新的良性循环：首先是知识型人员的大规模流动，这些人员拥有的隐性知识使企业无法有效保护自身技术秘密。即使有专利法、知识产权保护法等法律法规的保护，但仍然难以阻止隐性知识在竞争关系企业之间的渗透。其次是技术融合趋势的加强。跨学科程度加剧以及产业界限模糊，使创新必须有越来越广泛的科学与技术基础。此外，技术融合使技术生命周期缩短、研发风险增大，因此技术

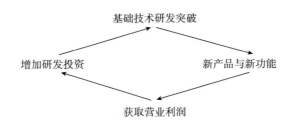

图 2-5 封闭式创新模式下企业创新循环

资料来源：Chesbrough H W. Open Innovation：The New Imperative for Creating and Profiting from Technaology ［M］. Boston，MA：Harverd Business Press，2003。

融合给企业封闭式创新带来前所未有的困境。企业仅依靠自身研发力量很难实现有效创新并保持竞争优势。部分企业开始搜寻外部力量，依靠外部知识辅助自身创新活动。信息技术、互联网的发展，外部知识提供者的活跃参与，例如，高校、科研院所的技术转移降低了企业搜索、利用外部知识的成本，成为打破封闭式创新藩篱的利器之一。

二、开放式创新模式

面对技术融合大环境的挑战，许多企业意识到外部资源在创新中的重要性。尤其在制药工程、生物技术以及信息技术等高技术领域，最先出现了企业与外部组织开展联系的现象。越来越多的企业选择放弃封闭式创新模式，尝试与外部机构建立创新合作关系。在合作创新实践基础上，开放式创新思想逐渐形成。Chesbrough（2003）正式提出了开放式创新的概念，建立了企业创新的新逻辑。Chesbrough 将开放式创新定义为：企业充分利用外部资源，结合自身条件开展创新活动。开放式创新强调了企业的内外部创新资源同样重要，换言之，不再区分企业的内部与外部边界，而是在合理度量企业内部知识创造与外部知识搜索成本的基础上最优化资源配置。在开放式创新模式下，企业的知识产权保护策略发生变化，不再仅仅重视自身知识产权的严格保护，而是更侧重与其他公司之间进行知识产权交易以引进对自身创新有利的资源，同时也可能会通过出让自身知识产权的方式获得部分收益。

随着开放式创新思想的不断发展，Chesbrough（2007）进一步深入探索了开放式创新理念，他指出开放性创新过程不仅包括企业搜索外部创新资源进行合作，还应包括企业将自身的创新技术扩散出去，与更多组织建立联系，打开新的产品市场等。Lichtenthaler（2011）对开放式创新的过去、现状以及未来发展方向进行了综述，他指出开放式创新是一项可持续发展趋势而非管理潮流。其研究建立了在组织、项目以及个体水平上管理开放式创新的概念框架。

与合作创新相比，开放式创新不仅强调企业在研发过程中使用内外部资源，同时还指出企业在产品商业化过程中应当有效利用外部市场。开放式创新是整个创新过程的开放行为，而合作创新则仅关注研发阶段。从开放对象上来看，开放式创新也突破了一般的知识生产者联合。由于开放式创新涉及创新的各个阶段，因此其联合的外部主体还包括用户、竞争者、供应商等。

开放式创新在我国现有创新背景下有重要意义。虽然企业是我国的研发主体，其研发经费支出占全国研发经费支出的70%以上，但由于缺乏研发能力以及独立的研发部门，其研发活动类型仅集中在试验发展上。开放式创新模式就要求企业突破内部研发的边界，增强与外部组织的合作，包括客户、供应商、公共研究机构等。此外，还需借助外部金融支持、创新中介服务以及各类商业渠道，将技术推广到市场，增加商业化程度。图2-6是开放式创新基本框架。

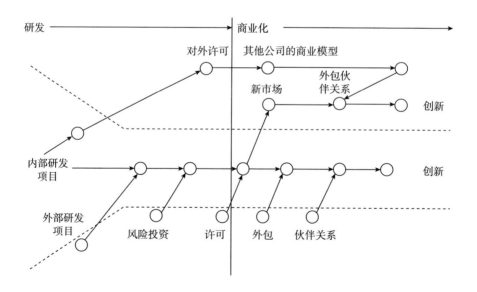

图2-6 开放式创新基本框架

资料来源：Chesbrough H, Vanhaverbeke W, West J. Open Innovation：Researching a New Paradigm a New York：Oxford University Press，2008.

三、协同创新模式

协同理论（Synery Theory）是理解协同创新的基础，该理论是在 20 世纪 70 年代多学科交叉发展起来的一门新兴理论，属于系统科学的分支，由物理学家 Haken 创立。该理论的基本研究对象是若干子系统及其之间的互动关系共同构成的复合体。核心思想是"系统内部各子系统通过彼此之间的互动关系推进整个系统向有序、高效的方向发展。各子系统在某种组织规范引导下实行资源共享、协同合作，以更快地实现共同目标"（陈劲等，2012）。

"协同"理论在经济、管理学科中有非常广泛的应用。在本书中，国家或区域创新系统由多主体、复杂关系构成，符合协同理论的应用场景。国家与区域创新系统内各创新主体的创新过程互相影响、交叉合作，这种系统协同模式可被称为"协同创新"。

与开放式创新立足于讨论企业进行创新模式不同，协同创新的研究对象已扩展到包括更多元化组织机构（例如，公共研究机构、企业，政府、金融机构、中介组织、创新平台等）的创新整体。各类主体之间的协同创新活动能够有效降低知识流动成本，从而达到资源的最优化配置。因此产学创新模式相对于独立的企业内部研发模式可能产生"1+1>2"的协同效应。图 2-7 是协同创新理论框架。

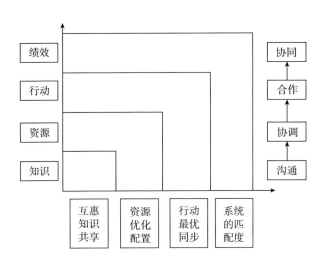

图 2-7　协同创新理论框架

资料来源：陈劲，阳银娟．协同创新的理论基础与内涵［J］．科学学研究，2012，30（2）：161-164.

相比其他组织间的协同创新，产学协同优势在于利益获取的非竞争性。大学的能力优势是基础研究、专业人才、科研仪器设备、知识及技术信息、研究方法和经验，合作需求是资金和实践信息。企业的能力优势是技术的快速商业化、相对充足的创新资金、生产试验设备和场所，而其合作需求是基础知识与研究经验。

第三节　三重螺旋理论

产学合作是国家创新系统、区域创新系统、开放式创新模式中的组成部分或合作模式之一，创新系统与开放式创新为其发展奠定了重要理论基础。然而，探究产学合作的内在运行模式还应当提及三重螺旋理论。

三重螺旋理论的基本思想是借鉴生物学中有关 DNA 螺旋状态的现实来解释政府参与下企业与大学之间的知识关系，由 Leydesdorff 和 Etzkowitz（1996）提出。三重螺旋理论对产学知识关系进行了分类，主要区分了三类模式：第一类是"国家社会主义模式"，这一模式的特征是政府掌握企业与大学之间的知识流动，充当"监护人"的角色；第二类是"自由模式"，该模式强调产学之间知识关系自由化，政府是"中介人"；第三类是"重叠模式"，具体表现为大学和企业的知识创造边界出现了交叠（例如，大学衍生企业或企业独立研究机构等实体中的知识创造），政府为产学合作提供支持与服务。

通过以上对产学合作理论的分析，可以得到以下基本共识：产学合作的核心问题是知识的生产与创新。但这些理论还未解释的问题有大学和企业知识关系的微观路径以及产学合作生产的知识存量大小。因此，Leydesolorff 和 Etzkowitz 研究了三重螺旋算法（Triple Helix Algorithm），认为网络提供的数据会产生频率分布 f_i，而这种相关频率的分布可生成概率分布：

$$P_i = f_i / \sum_i f_i \tag{2-1}$$

Shannon 定义了此概率分布的熵（Entropy）：

$$E_i = - \sum_i P_i \log(P_{ij}) \tag{2-2}$$

Abramson 定义三维协同信息（Synaesthetic Information）的转接量（Transmission）为：

$$T(xyz) = \sum xyzP(xyz)\log\left[P(xy)P(xz)P(yz)\right]/\left[P(x)P(y)P(z)P(xyz)\right]$$

$$\tag{2-3}$$

其中，$P(x)$ 表示事件 x 发生的概率；$P(xy)$ 与 $P(xyz)$ 分别表示事件 x 与 y 同时发生、事件 x、y、z 同时发生的概率。引入 Shannon 的信息熵表达式可得到：

$$T_{ijk} = E_i + E_j + E_k - E_{ij} - E_{jk} - E_{ijk} \tag{2-4}$$

其中，i、j、k 分别表示政府、高校及企业。

第四节　资本理论

资本理论是现代西方经济学理论的核心组成部分，伴随资本类型的衍生与变迁，资本理论也经历了漫长的演进过程。古典学派中最早创新性地研究资本的是重农学派，其代表人物是魁奈和杜尔格。重农学派集中研究了一种特殊的资本形态，即农业资本。杜尔格则在农业资本之外关注了制造业资本，他具体分析了资本在生产过程中发挥的作用。亚当·斯密在其著作《国民财富的性质和原因的研究》中首次对更广义上的资本进行了明确定义，他指出，"资本是为了生产而积累起来的财富"。这一定义一般化了重农学派对资本的"预付"解释。

新古典经济学代表学者、美国经济学家克拉克指出，经济学长期使用的资本概念包含两层含义：一是抽象的、一般的资本，二是具体的、实在的资本品。所谓抽象的资本是一笔具有生产能力的资金，而资本品则是原材料、生产工具、土地等。他还指出劳动和资本是构成生产力的两个要素，且提出了著名的边际生产力理论，证明了资本的收入分配也遵循边际规则。

1960 年，舒尔茨公开了其针对人力资本所做的研究，他指出资本并非总是有形态且物质化的，人自身具有的能力也具有与资本类似的性质，被称为人力资本。然而，追究人力资本存在异质性的原因是其具有抽象化的不同的知识水平。部分经济学家开始关注知识资本这一新资本形式的作用。美国经济学家 Galbraith 首次提出了知识资本的概念，他指出知识资本是知识性活动创造的一种资本形式，具有动态性。当前，不同领域的研究者对知识资本有着不同的理解与解读，对知识资本的定义尚未达成一致。有学者将企业的市场价值与账面价值的差额作为知识资本的度量，也有研究认为知识资本是企业无形资产的总和。本书将在文献综述部分具体讨论关于知识资本的相关内容。

第五节　知识资本与经济增长

经济增长一直以来都是经济学研究的核心问题，大量西方经济学家为了探求与解释经济增长的机制提出了许多经济增长模型。这些模型对知识资本的理解与处理产生了一系列变化，从知识资本的发现与发展历史来看，人们对其认识不断加深，且与两次增长理论的飞跃密切相关。本节主要回顾相关理论。

一、索洛经济增长模型与 Arrow 的贡献

20 世纪 50 年代，以索洛为代表的经济学家在理论层面推导了技术进步与经济增长的密切关系，发现了技术进步对经济增长的推动作用。这是经济史上关于增长理论的一次飞跃（Solow，1957）。索洛模型的核心结论是技术进步对长期经济增长具有重要作用，但由于技术进步很难直接衡量，因此在模型中将其作为"残差项"处理，即著名的"索洛剩余"。"索洛剩余"对技术进步的度量并不准确，模型的残差中还包含影响经济增长的其他因素。这使技术推动经济增长的机制被藏于"黑箱"，且无法解释技术进步的来源，因而遭到众多经济学家的质疑。

为了弥补索洛模型的缺陷，Arrow（1962）在经济增长模型中引入了"干中学"的思想。Arrow 用"知识积累的内生理论"来解释技术现象。在生产产品过程中，劳动者将积累知识。Arrow 的"干中学"模型设置了社会技术进步率取决于人口增长率的假设，并没有对技术进步的原因进行剖析，因此该模型还没有真正打开"索洛剩余"的"黑箱"。

二、Romer 的内生增长模型

Romer（1990）最早将知识作为变量之一引入模型。其模型的基本假设包括四个：①经济中包括研发部门、最终产品生产部门、中间产品生产部门。②经济中有四种投入要素：有形资本（K）、非熟练劳动力（L）、人力资本（H）、技术水平（A）。其中人力资本为熟练劳动力，用受教育年限表示。经济中仅有一种由最终产品生产部门提供的最终产品，其产量用 Y 表示。③技术水平具有非竞争

性和部分排他性，一种情况是厂商使用技术并不限制可获得技术的其他人也使用该项技术，另一种情况是技术的复制成本较低，技术内容很容易就被其他厂商学习。④假定总人口不变，人力资本总量（H）也固定，人力资本可用于最终品生产（H_Y），也可进行新知识生产（H_A），即有 $H = H_Y + H_A$。Romer（1990）用函数形式表达了最终产品部门的总量生产函数：

$$Y = (H_Y)^{\alpha} L^{\beta} \int_0^A x(i)^{1-\alpha-\beta} di, \ 0 < \alpha, \ \beta < 1 \tag{2-5}$$

其中，Y 表示最终产品产量，H_Y 表示生产最终产品人力资本投入，L 表示劳动投入，$x(i)$ 表示中间产品使用量，A 表示中间产品种类数，A 的数值反映了知识存量的大小。

研发部门利用该部门人力资本（H_A）与已有知识存量（A）开展研发活动，具体函数表示为：

$$\dot{A} = \delta H_A A, \ \delta > 0 \tag{2-6}$$

求解均衡状态下的增长率为：

$$g = (\delta H - \Lambda \rho) / (\Lambda \sigma + 1) \tag{2-7}$$

其中，$\Lambda = \alpha / \left[(1-\alpha-\beta)(\alpha+\beta) \right]$

从以上结果可知，该模型的经济含义之一为经济增长率与研发部门人力资本成正比，但与非熟练劳动力规模以及中间产品的生产工艺等因素无关。教育与研发是经济增长的主要源泉。该模型还纳入了知识的溢出效应，由于产品中能够体现技术创新，具有部分排他性，因此知识产生溢出效应后技术水平会无限增长，这一特征在模型中得以体现。

三、知识生产函数

知识生产函数是创新经验研究中最常用的计量模型。R&D 经验研究的基本思路是通过扩展 Cobb-Douglas 生产函数，将技术进步因素纳入生产函数之中。Griliches 的方法是将知识资本存量作为一个单独的生产要素放入生产函数中，用 R&D 存量衡量知识存量，构造一个新的 Cobb-Douglas 生产函数。

$$Y_t = AD_t^{\beta} K_t^{\alpha_1} L_t^{\alpha_2} e^{\mu t} \tag{2-8}$$

其中，Y_t 表示总产出，D_t 表示 R&D 资本存量，L_t 表示劳动投入，K_t 表示资本投入，A 表示常数项，μ 表示时间趋势。假设要素市场具有竞争性、资本与劳动的规模报酬率为常数，全要素生产率可表示为：

$$TFP_t = AD_t^{\beta} e^{\mu t} \tag{2-9}$$

Griliches（1986）的经验研究表明，R&D 存量上升 1% 将导致产出上升 0.05%~0.1%。且有研究表明，R&D 类型中的基础研究收益率相比应用性的 R&D 将产生更高的回报。Jaffe（1989）提出新知识是创新投入最直接的产出，因此其改进了 Grilliches 的模型，将前一模型中的产出变量替换为研发活动产出，具体形式保持一致。

第二篇　测度篇

第三章　产学合作知识存量测度[①]

第一节　引　言

产学合作的内在运行机制是高校和企业代表的异质性知识系统的高效耦合。企业与高校之间的知识势差为知识在两者之间的流动提供了通道，在合作过程中，知识资本积累下来形成知识存量。基于此，本章拟从知识生产与流动角度出发考察产学合作形成的知识存量，以便为后续将其与企业内部研发知识存量合起来讨论对促进企业创新乃至一国创新所发挥的重要作用提供前提。

当前学术界对产学合作问题的研究大多集中在微观层面，采用调查问卷的方式了解企业的合作伙伴、合作意向以及合作紧密程度等问题（姚潇颖等，2017；解学梅等，2015）。尽管这些研究有助于讨论产学合作的形成机制、模式选择等微观问题，但无法对产学合作做完整测算，从而无法很好地解释产学合作的经济效应，也无法将其纳入国家创新体系中讨论产学合作的互动关系以及与其他主体间的联系。有少数文献涉及在宏观层面考察产学合作，但仅简单使用"企业对高校的研发支出"或"高校科研活动经费筹集总额中的企业资金"两个流量指标作为产学合作的度量[②]，却没有对进一步的测度问题给予充分讨论。事实上，以这些指标作为产学合作的度量，一方面涉及覆盖范围上的缺陷，即只涉及合作研

---

①　王文静. 中国产学合作模式下的知识存量研究［J］. 数量经济与技术经济研究，2019（4）：139-155.

②　考虑到一些文献知识资本的积累特征，尝试测算存量数据，但测算过程并不明确，且仅考虑了企业对高校的研发经费外部支出，例如吴玉鸣（2015）。

发这一条合作渠道，却遗漏了高校与企业之间的技术转让交易[①]；另一方面也是最重要的，这些指标只记录了研发合作过程中的资金往来，却忽略了其背后的知识积累特性，从而无法从知识生产与转移角度触及产学合作的本质。

产学合作测度方法的不足，必然会限制对其创新效应与经济增长效应的研究。此外，如果不能合理测算产学合作形成的知识存量，也很难分析企业借助外部知识研发与内部研发两种研发模式在共同影响创新产出时的互动关系。

关于如何测度产学合作形成的知识存量，国际上已有相关文献进行了探索。Lokshin 等（2008）测算了荷兰制造业企业的内部、外部知识存量，并在生产函数框架下研究了外部知识存量对生产率的促进作用。在此背景下又催生了大量与企业内部、外部知识存量相关的实证研究（Castellani et al.，2013；Berchicci，2013）。相比之下，国内相关研究则比较滞后，尚没有针对产学合作知识资本存量测算的系统研究成果，由此就无法全面描述当前中国产学合作积累知识存量的规模和基本分布状态，并会进一步制约产学合作视角下的企业生产率和创新研究。

鉴于此，本章旨在对我国产学合作知识资本存量开展系统测算，首先厘清知识、知识资本与知识存量的基本概念，其次对产学合作知识存量测算方法进行讨论，进而依据测算结果，展现我国产学合作知识存量整体规模、区域格局与空间特征。

第二节　产学合作知识存量的定义与范围

与单一创新主体通过自身内部研发活动进行知识生产与积累的方式不同，产学合作知识源自企业与高校之间的协同合作活动，不同类型的产学协同合作方式下的知识生产与积累方式不同。因此，厘清产学合作关系是进行产学合作知识存量测算的第一步。

一般而言，产学合作关系可被区分为关联型与交易型两类。其中关联型产学合作是以组织间的知识生产与交流为目的而建立的，主要建立方式为企业和高校

---

① Koschatzk（2002）指出，高校对企业的技术转移实质上是一种知识转移。因此这部分知识也将构成产学合作知识存量的一部分。

共同投入优势资源开展研发活动或促成人员流动。实践中的常见形式有联合研发、委托研发、人员流动、共建实体等。关联型产学合作大都发生在实验室中，本质上是由企业、高校两个主体参与的研发活动，通常情况下由企业提供研发经费、部分研发人员，委托或联合高校进行研发，该知识积累过程本质上是研发资本化的过程。交易型产学合作则以知识商业化为目的，具体形式有技术交易、技术许可等。交易型产学合作发生在技术市场，是高校具有知识属性的科技成果商品化①的过程。

基于以上产学合作关系的厘定，本书定义产学合作知识存量是特定时点上企业与高校通过联合研发活动形成的知识存量以及通过高校科技成果商品化形成的知识存量总和。从资金流动与知识流动角度来看，企业让渡资金从而获得知识，同时高校让渡知识从而获得资金收入，因此产学合作知识主要是在企业中形成并积累的。然而，在创新系统框架下考察该知识存量，其反映了高校与企业协同创新能力，对加速创新系统的知识耦合、优化系统资源配置有重要意义。

第三节　产学合作知识存量测算方法

一、知识存量测算理论框架

相比交易型产学合作，关联型产学合作更加深入且更具有持久性。例如，关联型产学合作模式下的产学委托研发，表面是企业购买外部 R&D 的交易，实质上是企业与高校在研发活动中的人员、固定资产（如设备、仪器、实验室等）的共同投入与合作。单纯地从购买外部 R&D 角度度量此类合作并不准确，还需有更系统的测算方式。本书试图基于研发活动资本积累测度关联型产学合作的知识存量。交易型产学合作较为松散，企业与高校的交易行为一旦达成，该技术资本将参与到企业的创新活动中，在较长时间内发挥作用。交易型产学合作资本有明确的市场价格，其知识存量测算相对直接。综上所述，产学合作知识存量测算框架如图3-1所示。

---

① 科技成果商品化是指科技成果拥有方以获取一定报酬为目的，将科技成果的相关权益通过技术市场转让给另一方的过程。

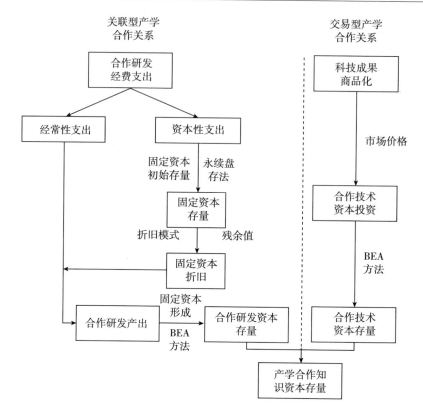

图3-1 产学合作知识存量测算框架

在SNA2008的GDP核算框架内理解这一理论框架，对当期研发投资额的各项调整更加容易理解。这里主要解释两层关系：一是研发支出到研发产出的转换，二是研发产出与研发投资的关系。首先，研发支出之所以要向产出转换，是要将研发活动消耗经费转换为研发活动生产的新知识；其次，研发产出在使用过程中被积累下来，视作固定资本形成的研发资本，追加上期初拥有的研发资本存量可最终得到当期研发资本存量。具体地，刻画企业与高校的关联型合作的基本指标为产学合作研发经费支出，由于研发经费支出中的资本性支出部分遵循收付实现制，而固定资本消耗测算遵循权责发生制，要计算投资需要的固定资本消耗就要先经过一轮固定资产存量测算。此固定资本消耗加上经常性支出即为当期合作研发资本投入。从合作研发投入到研发产出还需计算营业盈余。此处具有市场性质的受企业委托研发活动的产出营业盈余已包含在研发支出统计中，不需要再额外计算（高敏雪，2017[①]；王亚菲等，2018）。研发产出作为固定资本形成被使用就形成研发投资，进而基于 BEA 方法测算研发资本存量。在交易型产学合作关系下，科技成果商品化的市场价格即为合作技术资本投资额，该技术资本具有知识属性，因此也同时采用 BEA 方法计算技术资本存量。

在实际测算中还需注意产学合作研发活动资本化范围。一般认为，产学合作过程有协议约定，企业获得经济利益的目的性较强，而高校又具备较高的研发能力与责任心，因此产学合作研发活动的成功性比较高。此外，对于那些期限较长、具有较大不确定性的前沿研发领域，实际操作中很难判断最终其是否能够成功，也很难从数据角度进行区分。因此，本书进行产学合作研发资本化核算的对象是企业与高校开展的全部合作研发活动，未剔除不成功的合作研发活动。

二、知识存量测算方法

本书采用 BEA 方法测算知识资本存量。BEA 方法是对资本存量与当期投资额同时进行折旧以进行资本积累，在计算过程中涉及的变量有初始资本存量、折旧模式与价格指数等。

（一）初始资本存量估算

假设在稳态增长情况下资本存量的增长速率与投资增长速率相等，那么初始投资与初始资本存量之间存在稳定的比例关系。Hall 和 Jones（1999）在测算各国资本存量以及张军等（2004）在测算我国资本存量时都采用此关系推算初始资本存量。在测算研发知识存量时最常采用的初始资本测算方法也是利用初始投资与初始资本存量的比例关系推算（江永宏等，2016；王亚菲等，2018）。此外，也有学者提出使用计量法测算初始资本存量（Wu，2007）。计量法利用投资序列以时间作为自变量拟合回归模型，获得相应的参数估计，其中模型截距项即为初始资本存量。该方法放松了关于资本存量增长率的假设，但由于未考虑资本折旧，该方法高估了初始资本存量。

考虑到本书测算的时间序列较短，计量法未考虑折旧的因素将对测算结果造成较大影响，因此本书沿用投资与存量的比例关系测算产学合作初始资本存量。

---

① 高敏雪（2017）在国民经济核算框架下厘清了研发资本化与经济增长分析、GDP 核算调整之间的关系，并全面分析了研发资本化的过程。该研究揭示了研发总产出核算对研发支出统计的依赖。本书所提出的产学合作知识存量测算理论框架即基于该项研究的理论解释。一直以来研发资本化问题备受关注，该领域的其他相关研究还有王亚菲等（2018）、江永宏等（2016）、杨林涛等（2015）、曾五一等（2014）。

令 K_0 为初始知识资本存量，I_1 为初期知识资本投资，g_I 为资本投资平均增长率，计算初始资本存量的具体公式为：

$$K_0 = I_0 + (1-\delta)I_{-1} + (1-\delta)^2 I_{-2} + \cdots$$

$$= I_0 \sum_{s=0}^{\infty} \left[\frac{1-\delta}{1+g_I} \right]^s$$

$$= \frac{I_1}{g_I + \delta} \tag{3-1}$$

（二）知识资本价格指数估算

虽然当前尚没有产学合作知识资产价格指数的官方统计数据，但国内已有较多研究对 R&D 资产的价格缩减指数进行了讨论。江永宏等（2016）采用成本价格指数法，按照中间消耗、劳动者报酬和固定资产折旧的缩减指数及其各自所占比重为权重构造了研发资产价格指数。对于相关缩减指数缺失的年份，选择 GDP 缩减指数替代。朱平芳（2006）与王亚菲等（2018）认为，研发投资从研发经费支出衍生得到，其价格与构成经费支出的各要素价格密切相关。因此可根据研发经费支出的用途类别构建价格指数。研发经费支出主要包括研发活动人员经费与固定资产支出，与此相关的价格指数分别为消费物价指数与固定资产投资价格指数，朱平芳（2005）提出，分别使用 0.55 与 0.45 的权重对两指数进行加权获得企业研发资本价格指数[1]。王亚菲等（2018）则基于该分类，利用 Fisher 链式加权价格指数计算方法编制了研发资产价格指数。

考虑到本书测算产学合作知识存量的关联型合作部分基于合作研发经费支出，而交易型产学合作中高校的科技成果也源自研发活动，综合以上先按研发支出用途划分产学合作知识资产，再计算价格指数的合理性。本书对固定资产投资价格指数与消费物价指数进行加权处理，具体权重选择参考朱平芳（2005），由此得到知识资本价格指数。

（三）折旧模式设计

随着技术更新换代以及知识的溢出与扩散，知识资本会发生贬值。关于折旧率的选择有多种方法，其一是设定为固定值，Pakes 和 Schankerman（1984）认为，知识更新速度更快，从而具有知识属性的研发资产折旧率更高，可设定为 25%。程惠芳等（2014）在研究测算我国企业知识资本存量时直接将企业各类知

---

① 具体权重选取设计参考朱平芳（2006）的阐述。

识资本折旧率取为 15%。另有研究根据资产的不同类型进行细分，分别确定内部各类资产的折旧率。其二是根据资产折旧模式、资产使用寿命以及残值率计算资产的折旧率。几何折旧率是实践中采用最多的折旧模式，其具体计算公式为：

$$d_T = (1-\delta)^T \tag{3-2}$$

其中，d_T 表示资本品的相对效率，即资产的残值率；T 表示资产的使用寿命。本书采用几何折旧法计算知识资产的折旧率。在知识资产平均寿命为 10 年、残值率为 10% 的设定下，可计算得到折旧率为 20.6%。

（四）测算资本存量的 BEA 方法

杨林涛等（2015）对比了几种常用的永续盘存法中的 Goldsmith 方法、Griliches 方法和 BEA 方法在资本存量测算中的异同。研究结果表明，BEA 方法更加符合实际情况，因此本章采用 BEA 方法对合作研发知识资本存量进行测算。BEA 方法的资产存量计算的具体公式为：

$$K_t = K_{t-1} - D_t + I_t \tag{3-3}$$

其中，K_t 与 K_{t-1} 为相应年份的资产存量，I_t 表示不变价投资额，D_t 表示不变价折旧额，且有 $D_t = \delta (K_{t-1} + I_t/2)$，$\delta$ 为折旧率。因此有：

$$K_t = (1-\delta)K_{t-1} + \left(1 - \frac{1}{2}\delta\right)I_t \tag{3-4}$$

其中，K_t 表示第 t 期的产学合作知识存量，I_t 表示当期合作研发资本与合作技术资本之和。

（五）知识资本投资序列

在交易型产学合作关系中，技术转让中作为标的的无形资产有明确价值，这部分具有知识属性的无形资产投资会积累下来成为产学合作知识存量的一部分。因此，企业为购买高校技术而支付的技术转让费即技术转让知识资本的当期投资。本章收集了《高等学校科技统计资料汇编》公布的 1994~2016 年我国高校对企业的技术转让收入数据。从总量来看，高校从企业获得的技术转让收入在 2013 年前大体呈逐年上升趋势，最近三年略有下降。这可能是由于近几年企业在高校中设立研发机构等其他合作形式对高校直接进行技术转让方式产生了一定替代。

关联型产学合作关系中研发投资计算使用数据来自《中国科技统计年鉴》《高等学校科技统计资料汇编》，其中，2009~2015 年我国 R&D 统计数据已较为完善，可获得研发经费内部支出中的分项支出。2005~2008 年则仅公布了研发经费内部支出总额，本章使用 2009 年的比重进行估算。此外，2005~2008 年也未公布企业研发经费外部支出中对高校的支出这一指标。本章以企业研发经费内部支出占科技经费内部支出的比重作为权重对科技经费外部支出进行分劈。

在进行合作研发经费支出到产出转换时，需基于资本性支出计算资本存量与折旧。本章分别对所研究的两类资本性支出（土建工程与仪器设备）设定折旧率，其中仪器设备的平均使用寿命为 15 年，其他固定资产平均使用寿命为 30 年。固定资产残值率为 4%，在几何效率递减模式下可计算出仪器设备与其他固定资产的折旧率分别为 0.193 和 0.102。基于此折旧率、初始存量以及固定资产价格指数，利用永续盘存法测算各期的固定资本消耗。

第四节　产学合作知识存量总量测算

一、各年知识资本投资结果与分析

本章测算 2005~2015 年产学合作知识资本投资情况如表 3-1 所示。从结构上来看，我国产学合作中的合作研发投资大于技术转让投资，最近几年，合作研发投资基本是技术转让投资的 2.5 倍左右。截至 2015 年，技术转让投资为 23.42 亿元，合作研发投资为 55.96 亿元，价格调整后的不变价分别为 21.08 亿元与 50.36 亿元。

表 3-1　2005~2015 年产学合作知识资本投资情况　　　　单位：亿元

年份	当期产学合作知识资本投资（当年价）		当期产学合作知识资本投资（不变价）	
	技术转让投资	合作研发投资	技术转让投资	合作研发投资
2005	12.59	18.33	14.59	21.23
2006	12.56	22.09	14.34	25.21
2007	13.17	26.11	14.39	28.54
2008	19.78	33.54	20.16	34.18
2009	21.53	46.47	22.26	48.06
2010	20.82	48.47	20.82	48.47

续表

年份	当期产学合作知识资本投资（当年价）		当期产学合作知识资本投资（不变价）	
	技术转让投资	合作研发投资	技术转让投资	合作研发投资
2011	24.10	58.06	22.75	54.81
2012	27.56	69.39	25.53	64.27
2013	27.23	70.03	24.83	63.86
2014	26.03	66.43	23.42	59.78
2015	23.42	55.96	21.08	50.36

2005~2012 年，产学合作研发投资在逐步上升，2013~2015 年略有下降。这一现象可能与产学合作的模式创新有关。本章仅考察了技术转让与合作研发两种合作方式，而近年来共建实体等更深入的合作方式也不断涌现。共建实体一般通过高校与企业共建科研基地、联合实验室等方式实现。而后期基地、实验室进行的研发活动数据收集情况较为复杂，涉及产学合作合同中对企业、高校人员、设备等投入的规定，在具体统计工作中可能各自纳入高校与企业的内部研发数据中。

此外，2005~2015 年技术转让数据波动也较为明显，技术转让在各阶段中都经历了较平稳的上升，但在不同年份有低谷式断崖。这两个断崖刚好与我国产学政策或协同创新政策的"大事记"时点吻合，与科技政策数量[1]有着密切关联。这是由于产学合作的一些特殊因素[2]对政策反应较为灵敏，同时这一波动与金融危机等宏观经济环境的变化也有关联。

二、各年积累的知识存量结果

表 3-2 报告了 2005~2015 年中国产学合作知识存量的测算结果。我国产学合作知识存量在 2015 年已达到 390.23 亿元。虽然存量结果呈现逐年递增的趋势，但最近三年的增速环比下降。当前文献中没有产学合作知识存量的测算数

---

[1] 王开阳等（2018）通过政策文本计量方法，对政策意图进行客观筛选，统计并分析了 2001~2015 年我国科技政策数量、现状与趋势。

[2] 虽然教育部、科技部已共同发布《关于加强高等学校科技成果转移转化工作的若干意见》用以引导高校科技成果转化，但在实践中仍存在科技成果产权不清、权责不明等问题。在没有良好的市场机制、政策规定的情况下，高校科研人员不愿参与成果转化。

据，但对我国研发资本存量估算数据较多。将本章数据与国家统计局公布的研发资本存量相比，从总量来看约占全国 R&D 资本存量①的 2%，平均增速为13.5%。在我国研发活动类型中，基础研究占比约为 5%，基于此测算产学合作知识存量约占全国基础研究知识存量的 40%。在规模之外，产学合作知识存量对企业创新的影响非常大，这在此后的实证研究中将有论证。

表 3-2 2005~2015 年中国产学合作知识存量测算结果 单位：亿元

年份	当期产学合作知识资本存量（当年价）		当期产学合作知识资本存量（不变价）		产学合作知识存量（当年价）
	技术转让存量	合作研发存量	技术转让存量	合作研发存量	
2005	48.81	60.87	56.54	70.51	109.68
2006	52.20	71.52	59.57	81.62	123.72
2007	56.76	85.85	62.04	93.83	142.61
2008	68.49	107.20	69.79	109.25	175.69
2009	75.51	130.97	78.10	135.46	206.48
2010	83.30	156.84	83.30	156.84	240.14
2011	94.69	190.98	89.39	180.29	285.67
2012	104.77	225.11	97.04	208.49	329.88
2013	112.36	252.94	102.46	230.66	365.30
2014	117.12	271.49	105.39	244.30	388.61
2015	117.10	273.13	105.38	245.79	390.23

前文已经提到，实践中还有共建实体、产学研联盟等其他模式的产学合作，而本章仅考虑了技术转让与合作研发两种模式，因此本章测算的产学合作知识存量存在低估。

---

① 数据来源于《国家统计局关于改革研发支出核算方法修订国内生产总值核算数据的公告》以及相关数据库。数据库中给出了将能为所有者带来经济利益的研发支出不再作为中间消耗，而是作为固定资本形成处理后的 GDP 修订数据。将修订后数据与修订前数据进行对比，可计算得到每期的研发活动固定资本形成，再计算得到研发资本存量。

第五节 行业层面产学合作知识存量测算

产学合作的行业效应较为复杂，各行业有自身特殊的知识来源与创新模式。咨询、会议等产学交流方式对各个行业都发挥着重要作用，医药业更多地会采用专利许可权的形式进行产学合作，而钢铁、航空、通信等研发密集型制造业更倾向于合作研发（Cohen et al.，2002；Schartinger et al.，2001）。此外，生物制药、电子信息等也是实践中常见的产学合作密集型行业。总体来讲，产学合作密集的行业大都具有较强的基础研究知识需求。本章试图对行业层面的产学合作知识存量进行测算，但由于高校科技统计数据未公布按行业分组的技术转让情况，本书仅将对企业与高校合作这一类的知识存量做简单讨论。

产学合作知识存量的行业分布也呈现明显的集聚特征。存量排序后前十位行业的知识存量占全部存量比重高达 70% 以上，剩余 25 个行业仅占 30%。表 3-3 报告了知识存量排序前十的行业。结果显示产学合作有明显的行业选择性，知识存量较多的行业具有"知识依赖"特征。

表 3-3 按 2015 年知识存量从大到小排序后前十七位的行业 单位：亿元

年份 行业	2009	2010	2011	2012	2013	2014	2015
交通运输设备制造业	1.473	1.810	2.081	2.712	3.555	3.811	3.814
医药制造业	1.869	1.893	2.953	3.080	3.209	3.347	3.375
化学原料及化学制品制造业	1.799	1.890	2.288	2.546	2.745	2.907	2.930
煤炭开采和洗选业	2.040	2.175	2.524	2.789	2.880	2.928	2.708
电气机械和器材制造业	1.328	1.456	1.700	1.807	2.003	2.207	2.254
黑色金属冶炼及压延加工业	1.433	1.575	1.882	2.072	2.237	2.344	2.247
石油和天然气开采业	1.612	1.785	1.846	2.212	2.189	2.267	2.123
通用设备制造业	1.172	1.250	1.460	1.672	1.812	1.872	1.925
计算机、通信和其他电子设备制造业	1.866	1.760	1.771	1.797	1.962	1.824	1.741
专用设备制造业	1.223	1.180	1.329	1.636	1.649	1.731	1.700

续表

行业 \ 年份	2009	2010	2011	2012	2013	2014	2015
有色金属冶炼及压延加工业	1.110	1.067	1.119	1.267	1.362	1.593	1.649
农副食品加工业	0.555	0.684	0.796	0.996	1.211	1.383	1.582
电力、热力生产和供应业	1.109	1.175	1.152	1.118	1.168	1.169	1.190
橡胶和塑料制品业	0.207	0.306	0.423	0.541	0.657	0.738	0.692
纺织业	0.439	0.461	0.565	0.587	0.593	0.621	0.625
食品制造业	0.226	0.241	0.273	0.346	0.439	0.507	0.592
仪器仪表制造业	0.481	0.469	0.523	0.545	0.557	0.575	0.586

虽然目前无法测算技术转让这一方式积累的知识存量，但仍可以从专利数据中获得其合作较为密集的技术领域①。笔者通过分析我国 2015 年申请的专利中高校对企业的专利权转让（10542 项）数据，从中得出其技术领域分布主要在测试或分析材料，数字信息传输，水、废水、污水或污泥的处理，电数字数据处理，通用化学或物理实验室设备等。这些领域的技术为表 3-3 中分析得到的"知识依赖"行业提供基础性技术。

第六节　区域层面产学合作知识存量测算

一、区域存量测算原则与测算结果

区域产学知识存量的分析较为复杂，任何一个区域都具有企业和高校两类主体，如何定义与衡量区域产学合作知识是本章关注的问题。首先，分别从两类主体的合作行为出发，分析产学合作知识资本的形成。其次，站在企业角度，其将与全国范围内的高校进行研发合作，或通过购买的方式获得高校的转让技术。最

---

① 技术领域不同于国民经济行业分类，两者之间有对应关系。世界知识产权组织专门建立了国际专利分类号与国民经济行业之间的对应表。我国知识产权局也开展了此项工作，由于新的专利技术领域还在不断涌现，此对应关系的建立也在不断更新。

后，从高校立场出发，其也将与各地企业开展研发合作，或将技术直接转让给企业获得转让收入。由于产学合作是两类主体之间的合作行为，因此企业角度与高校角度的分析是相互对称的。测算区域产学合作知识存量的核心问题在于如何确定知识存量的归属。一般的狭义理解认为，企业通过让渡资金来获得知识，而高校也通过让渡知识来获得资金收入，因此产学合作知识存量都归属于企业。但从广义的区域协同创新系统角度理解，企业与高校作为创新系统中最活跃的主体，两者与其他主体发生协同创新的行为都将在本区域内积累产学合作知识存量，该部分知识存量代表区域进行产学合作协同创新的能力。而该部分知识存量的归属是知识溢出的范畴，已超越区域分划的界限。

鉴于此，本章采用法人单位在地统计原则，对区域内企业与高校的产学合作活动进行统计。由于企业购买高校技术与高校进行技术转让、企业与高校的合作研发互为对立面，为了避免重复计算，同时受限于数据基础，本书只考虑区域内企业与高校的合作研发以及高校的技术转让两种行为[①]。但企业购买高校技术支出将对研究区域产学合作知识的流动及吸收有重要作用，也是应当进一步收集的信息。

具体测算方法与全国总量计算方法类似，但需注意使用区域层面的技术参数。例如，价格指数构建时使用各省份居民消费价格指数和固定资产投资指数进行加权平均，得到各省份的研发资本价格指数（以2010年为基期）。

根据测算结果可知，区域产学合作存在明显的集聚现象，约73.56%的知识存量集中在山东、天津、江苏等13个省份，而其余省份相对较少。表3-4、表3-5分析了区域产学合作知识存量的结果。产学合作知识存量最高的是山东省。山东省在起始年份的存量并不大，但后来居上，到2013年其产学合作知识存量已经达到全国最高。这与近年来的政府政策支持密不可分，例如，有效创新就是建立了产学网上合作对接平台，促使高校的科技成果与企业的技术需求得以有效完成对接。江苏、广东等地较高的知识存量则得益于活跃的创新氛围和宽松的创新环境。表3-5展示的是产学合作知识存量相对较低的省份。部分省份截至2015年产学合作知识存量规模较小，但增长速度较快。

---

① 现有统计资料中仅有各区域企业购买国内技术的支出，并未进一步划分购买高校技术。相关的技术交易市场报告中也没有区分企业与高校之间的技术交易情况。仅有的产学技术转让数据在高等学校科技统计资料中体现，即各区域高校与企业签订技术转让合同收入。

表3-4 中国各区域产学合作知识存量（排名较前的省份） 单位：亿元

年份 省份	2005	2006	2007	2008	2013	2014	2015
山东	7.47	9.38	11.44	17.28	52.98	58.29	58.26
江苏	13.12	14.02	15.17	19.61	36.91	40.75	41.35
北京	15.05	15.97	17.38	23.60	33.46	34.94	35.96
广东	3.50	3.96	4.85	8.66	23.51	22.67	21.67
浙江	10.9	11.41	12.3	14.35	19.58	19.04	18.46
安徽	6.07	5.86	6.47	7.81	17.09	18.13	17.61
上海	7.43	8.08	8.26	10.32	18.91	18.57	17.34
河北	2.44	2.68	3.21	4.19	13.05	15.82	15.77
陕西	3.64	4.36	5.22	7.45	12.68	13.36	14.39
四川	1.59	2.26	3.00	5.08	11.52	12.84	14.12
河南	1.45	2.06	2.69	4.55	11.71	12.88	13.50
湖南	1.9	2.55	3.16	5.02	13.21	13.78	13.00
辽宁	4.34	5.08	5.68	6.80	10.45	11.10	11.58

表3-5 中国各区域产学合作知识存量（排名较后的省份） 单位：亿元

年份 省份	2005	2006	2007	2008	2013	2014	2015
吉林	2.15	2.01	2.08	2.66	12.83	11.75	10.77
黑龙江	1.04	1.27	1.70	3.49	9.50	10.51	10.05
湖北	2.62	3.36	3.71	4.36	8.73	9.04	9.69
福建	0.32	0.54	0.77	1.39	7.49	8.94	9.47
甘肃	0.75	1.04	1.36	1.87	5.25	7.95	8.84
山西	1.15	1.57	2.07	3.28	7.53	8.35	8.83
天津	0.78	0.97	1.35	2.40	7.17	7.49	7.39
江西	1.11	1.95	3.18	5.07	7.78	7.45	7.13
新疆	1.06	1.12	1.40	2.18	3.41	4.17	3.73
内蒙古	0.54	0.65	0.80	1.15	2.81	2.92	2.98
云南	0.31	0.39	0.41	0.72	2.66	2.73	2.68
广西	0.18	0.23	0.29	0.64	2.66	2.65	2.61
贵州	0.18	0.24	0.43	0.76	1.43	1.64	1.82

注：西藏、海南、青海、重庆的数据存在缺失，将这些区域样本删除。

二、省域产学合作知识存量分布特征分析

区域创新系统通常有四种常见的开放式创新策略，分别是知识中介、知识海绵、知识孤岛与知识喷泉①。本章测算的区域产学合作知识存量包含两个部分，而这两个部分的知识存量有不同的流动方向：企业对委托研发或合作研发项目是知识输入的过程，即知识吸纳②。而高校的技术转让是知识输出的过程，即知识扩散。因此，以下本章进一步分析各区域在两种合作方式上的表现，从而展示区域的开放式创新格局。

从体量上来看〔见图3-2（a）、图3-2（b）〕，2015年山东、北京两地在研发合作与技术转让方面的表现远远超过其他区域。其中北京的技术转让知识存量远远高于合作研发存量可能有两点原因：一是北京的企业自身主导研发的能力较强，企业可能会建立独立的研发机构，从而与外部进行协同创新的意愿减弱；二是北京的中国科学院等大型国家与地属研究机构较多，其与企业的合作将会对高校与企业的研发合作造成一定分流。另外，北京是全国高校聚集的区域，是全国拥有"211"大学最多的区域（共26所），这是其高校技术转让优势的原因所在。江苏省在2005年研发合作方式占主导，但到2015年，江苏省的高校技术转让上升，目前已较为平衡。其余省份的具体状况在图3-1中都有列示。

图3-2（c）、图3-2（d）分析了各区域不同方式产学合作知识存量各自占全国的比重，从中可以获得各区域不同产学合作方式的相对重要性。首先，北京与山东两地与中轴线偏离较远，其中北京市一直以来在高校技术转让中占有绝对优势，而企业的研发合作相对其他区域较少，是典型的知识喷泉型区域。其次，山东省则相反，企业研发合作比重远大于高校技术转让比重，可划分为知识海绵型区域，虽然它积极通过合作研发吸收外部技术，但高校的技术转让却很薄弱。

---

① 参考Hoegl等（2001）对企业开放式创新文化的区分。其中，技术中介是指知识产权输入或输出量很大，但净流出量很小的企业或国家，这类企业或国家大力推动自身知识产权向外扩散，同时积极吸纳来自其他组织的技术。技术海绵是指知识产权净流出为负（净吸入为正）的企业或国家，这类企业或国家积极吸纳外部技术，但很少推广自身技术。技术喷泉是指技术输出量为正的企业或国家，它们积极推动自身技术转移，但很少吸纳外部技术。技术孤岛是指知识产权流出、流入适中的企业或国家。本书基于这一概念进行延伸，考察各区域在产学合作知识吸收及知识扩散中的表现，从产学合作的基本类型可以看到，在合作研发方式中，企业与外部高校联合开展项目研发合作，能够获得更多的外部知识，反映一个区域的产学合作知识吸收能力，而技术转让强度反映的是高校的技术扩散能力。

② 另一种吸纳方式是购买高校的技术，但我们无法获得这部分数据，因此不予考虑。

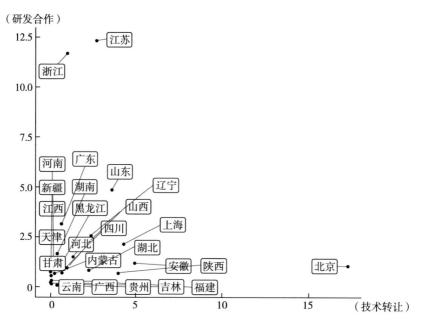

（a）2005年产学合作规模

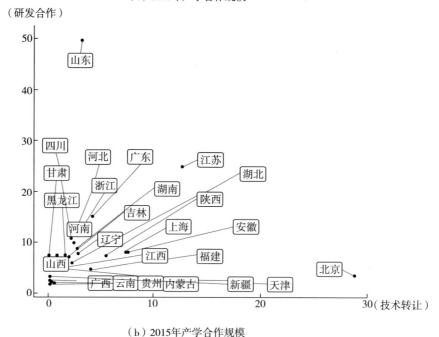

（b）2015年产学合作规模

图3-2　区域产学合作研发与技术转让格局

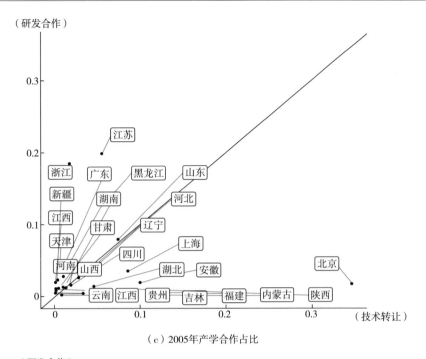

（c）2005年产学合作占比

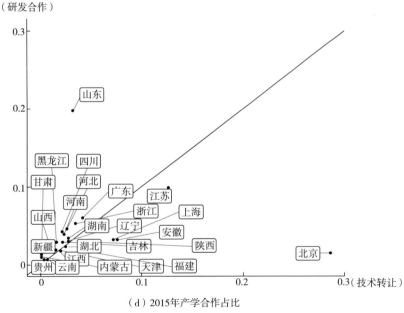

（d）2015年产学合作占比

图 3-2　区域产学合作研发与技术转让格局（续图）

注：图 3-2（a）、图 3-2（b）分别是 2005 年与 2015 年各区域两类产学合作方式的规模，单位：千元；

图 3-2（c）、图 3-2（d）分别是 2005 年与 2015 年各区域的产学合作方式占全国相应合作方式的比重。

再次，其余越靠近中轴分界线的区域在知识吸收与扩散方面表现越平衡，在轴线上半侧处于较高水平的广东、浙江表现为知识中介。这类区域的产学合作创新模式较为平衡，它们的高校技术转让较多，同时企业也与高校采取研发合作吸收外部知识。最后，处于较低水平的贵州、新疆、云南等地在两类合作方式上的表现都较弱，形成产学合作的知识孤岛。更均衡的开放式创新发展模式是促进区域创新可持续发展的重要保证。

三、来自其他数据源的证据

本章考察了各区域的合作研发与技术转让格局，但受限于官方统计数据的分组，还有一些问题没有讨论清楚。首先，通过讨论各区域高校的技术转让收入金额及其在总额中的占比，反映各区域高校技术转让的能力，但仍未知这些技术转让到了哪些区域，或者说哪些区域的企业吸纳了这些技术？其次，分析了各区域的企业与高校进行合作研发的情况，但并不知晓哪些区域的高校获得企业的合作研发投入更多？为了回答这些问题，本书尝试利用其他数据源进行补充分析，更完整地把握我国产学合作的区域格局。

国家知识产权局公布了 2002～2012 年我国的专利实施许可备案数据。专利实施许可是技术转让的内容之一[①]，笔者从中筛选出许可人为"大学"且被许可人为"企业"的数据作为样本进行网络分析，结果显示技术转让方式的产学合作知识流向也存在较强的集聚性。本章还考察了 2005～2015 年企业受让高校专利权的情况，数据来自万象云专利信息搜索平台。结果显示，北京、江苏、广东、浙江、上海等地形成了一级中心，同时也是专利权转让矩阵中购买专利权较多的区域，最外围的省份为贵州、宁夏、甘肃、新疆等。

第七节　本章小结

协同创新理论打破了封闭式创新的局限性，强调了国家创新系统中主体之间联系的重要性。企业与高校作为国家创新系统中应用研究、基础研究最为活跃的

---

① 技术转让的内容通常包括专利权转让、专利实施许可、技术秘密转让三种类型，其中专利权转让与专利实施许可是最主要的部分。

两个主体，两者的合作将有助于发挥自身优势，实现资源的优化配置。党的十九大报告也提出"建立以企业为主体、市场为导向、产学研深度融合的技术创新体系"。

本章从产学合作知识生产角度对产学合作知识存量进行了系统测算，拓宽了已有微观研究视角，为产学合作经济效应研究提供更可靠的存量数据。囿于数据可获得性，本章未能将除技术转让、合作研究之外的产学合作形式，例如，未将共建实体、产学联盟等纳入存量测算中，因此可能造成本章估算的产学合作知识存量偏低。此外，由于基础统计资料不足，本章测算的知识存量时间段较短，这会使期初存量估算的误差随年份递减。从本章的测算结果可以看出，虽然与企业内部研发知识存量相比，产学合作知识存量仍体量较小，但其增长速度较快，反映了产学合作在全国范围内活跃开展的现状。从行业角度的初步分析结果可知，"知识依赖"型行业更有动力开展产学合作。存量测算结果表明，交通运输设备制造业，医药制造业，化学原料和化学制品制造业以及计算机、通信和其他电子设备制造业等技术密集型行业的产学合作知识存量较大。

在区域分布上，知识存量呈现出较明显的集聚现象，73%以上的知识存量集中在山东、江苏、北京、广东等13个省份。由于各区域的知识存量一部分来自企业与高校的合作研发，更多的是吸纳外部知识，另一部分是高校的技术转让，有向外扩散的趋势，本章分析了各区域产学合作的特征：北京是典型的知识喷泉型城市，高校技术转让实力雄厚；山东是典型的知识海绵型地区，合作研发知识存量远高于其他地区，但技术转让能力较弱；江苏在合作研发与技术转让方面都表现良好，是知识中介类地区；而新疆、贵州、云南等地产学合作的两种联系较弱，表现为知识孤岛。

本章在研究过程中全面考察了科技统计官方统计资料，收集现有的针对开放式创新的外部研发宏观数据作为内部研发的补充资料，但还缺乏整体性与更详细的分组。一些与产学合作的体量、区域格局与行业表现相关的重要问题无法得到回答。基于此，本章结合代表产出的专利数据以及技术市场交易数据进行了一些补充解释。

在技术融合的科技发展大趋势下，科学研究、技术创新与产业发展一体化将是推动经济增长的重要动力。产学合作是企业应对技术融合挑战的重要方式。产学合作的广泛开展离不开规范成熟的技术市场。《中华人民共和国促进科技成果转化法》《实施〈中华人民共和国促进科技成果转化法〉若干规定》《促进科技成果转移转化行动方案》等一系列法律法规的出台为共建产学合作研发机构、完善技术交易市场、促进人员流动等方面提供了政策支持。产学合作同时也对自身外部知识吸收与利用能力提出了挑战，企业如何有效地进行知识管理，使产学合作与内部研发协同发挥作用，共同推进企业创新产出，是值得继续讨论的话题。

第四章 产学合作知识转移网络[①]

第一节 引 言

产学专利合作网络[②]是企业、高校在合作过程中，通过联合申请专利、转让（购买）[③] 或许可而形成的多维度复杂网络。该网络集成了申请人、专利权人、发明人、专利引文及引证信息，并能够充分体现节点间的合作关系，同时反映内嵌其中的知识流动与资源整合过程（张巍，2011）。当前，越来越多的企业通过各类方式的专利合作来保持与提升自身竞争力。运用社会网络分析工具，从网络视角探究产学专利合作创新模式已成为当前的研究热点。产学专利合作网络研究有利于把握产学技术创新态势以及区域合作特征，为创新资源配置提供决策支撑。

专利合作网络的空间与技术集聚效应是驱动企业成长的重要手段（王黎萤等，2015）。根据专利信息在技术领域、区域层面考察产学合作的知识流动能够

---

① 王文静，赵江坤．产学专利合作网络：结构演变与知识流动——合作形式视角［J］．科技进步与对策，2019（7）：1-9.

② 本书选择产学合作产出中的专利数据进行研究有以下两个原因：一是专利数据的可得性与可用性。国家知识产权局公开发布专利申请、授权、法律状态变更等信息，容易获得。市场上的各类专利服务公司及平台也为专利数据获取与初步标引提供技术支持。此外，专利数据为原始的微观数据，未经汇总，在研究中使用更加灵活，有较强的可用性。二是专利是产学合作产出的重要表现形式之一，本书在产学知识存量测算部分已经对高校和企业之间通过委托研发合同、合作研发合同等共同进行课题攻关的合作方式进行了知识存量的测算，获得了该部分合作的体量与增速。这一研究偏重投入方面的研究，而专利是从产出角度对产学合作关系的分析，因此本章选用专利数据将丰富该领域的研究，同时更全面地刻画我国产学合作的基本情况。

③ 绝大多数情况下，产学合作中为高校将专利转让给企业（或企业购买高校的专利），专利许可也类似，高校一般为许可人，企业为被许可人。

充分反映这些空间与技术集聚效应。一方面，该研究能够为企业专利布局以及寻找产学合作机会提供重要依据；另一方面，由于地理距离、技术邻近性常常被作为重要变量引进经济模型中，因此也能够在技术、区域等宏观角度与其他经济现象与问题建立有效关联。

合作网络中的知识流动是指创新主体之间发生的一系列知识溢出、扩散、吸收与转化，网络主体通过知识流动实现知识互补，达到知识共享，进而提高创新效率与产出。在产学合作网络中，企业与高校拥有异质性知识，高校侧重于基础研究而企业则更关注应用研究，且两者间普遍存在知识势差，这些特征是知识流动的背景。企业与高校通过知识的跨组织转移、流动和学习，实现知识增值。

国外已有较多研究考虑到产学合作的网络效应。Rojas 等（2018）通过构建企业—研究机构以及企业—企业两个不同类型合作网络，研究了两类合作网络对企业创新绩效提升发挥的作用。这一研究在跨组织行为研究中纳入了网络多样性、社会关系以及资源互补性等因素，结果发现企业—研究机构网络、企业—企业网络结构都对企业创新绩效有显著正向影响。

本章旨在利用专利大数据构建联合申请、转让与许可合作形式下的产学专利合作网络，并分析当前我国产学专利合作网络的基本特征与演变过程。此外，本书还围绕技术领域与区域层面的产学知识流动问题展开讨论。在方法上，利用 Python 爬虫技术针对产学专利合作网络设计网络爬虫程序，对互联网专利联合申请大数据进行抓取，获得专利联合申请的一手数据，同时结合万象云专利数据平台，依据法律状态提取实施许可、专利转让数据，利用 R 语言基于社会网络方法绘制网络图谱。

本章内容主要表现在以下三个方面：一是本章区分了产学专利合作的不同形式（联合申请、转让、许可等），前人研究中仅关注了联合申请，对转让与许可形式的关注远远不够。基于不同形式间的比较，能够更详细地反映我国产学专利合作现状。二是本章将专利分类号与 ISI-OST-INPI[①] 进行匹配，首次构建了产学合作技术领域共现网络，并分析了产学合作技术领域在共现领域中的角色，以及技术领域之间的知识流动状况。三是本章将专利申请人、专利权人的地理位置信

---

① 世界知识产权组织编制的 IPC 与技术领域对应表。一般认为用专利的主分类号确定其所属技术领域，而以副分类号确定其技术宽度和深度。该对应表共包含 35 个主要技术领域。具体文献可参考 Ulrich Schmoch. Concept of a Technology Classification for Country Comparisons［R］. Report to the World Intellectual Property Organization（WIPO），2008.

息进行省市匹配，建立区域层面的产学专利合作网络，讨论了产学合作知识的区域间流动状况，识别了各区域在产学合作知识流动中的角色差异。

第二节　产学合作知识转移网络概念界定

一、知识转移网络结构

产学合作的主要形式有合作研发与技术交易，基于合作关系的专利合作方式有联合申请、转让或许可专利技术，构建专利联盟等。合作研发涉及多个创新主体针对同一合作项目开展研发，因此可能产生联合申请专利。将高校与企业作为节点，其联合申请关系将形成网络结构，基于其合作特性，此网络为无向网络。技术交易合作形式下涉及高校对企业的专利转让或专利许可。与联合申请网络类似，将创新主体作为节点，其转让与许可关系也将形成网络结构，且为有向网络。

产学合作为高校与企业间的知识流动提供了通道，本章将从技术领域与区域两个方面分析产学合作知识的流动情况。通过构建技术共现网络可反映其技术领域间的知识流动状况。同理，区域合作网络能够反映知识在区域间的流动。因此，技术共现网络与区域合作网络也是本章的研究对象。

本章采用社会网络分析（Social Network Analysis，SNA）方法对产学专利合作网络的演变、结构特征与知识流动状况开展研究。社会网络分析一方面融合了社会学、统计学、图论、计算机科学等理论方法与技术，可有效分析与挖掘网络型数据，同时还可构建可视化图谱以展示节点关系与网络结构，能够有效表达与传播模型信息。

（一）网络结构

社会网络中的节点在拥有资源、信息以及重要性等方面是不同的，体现在网络位置上即一些节点处于网络中心，一些节点处于边缘。本章将利用两种中心度指标测度各节点的特征。其中，点度中心度能够反映节点在网络中的活跃程度，该中心度仅考察节点自身的重要程度，不涉及其与周围其他节点的关系。而中间中心度则反映图的信息转移能力，或者说充当媒介的能力。如果节点的中间中心度越高，表明该节点对其他节点以及网络信息的控制能力越强。

对于一个无向网络（或图模型）G（N，E），$N = \{1, \cdots, n\}$ 为节点集，$g_{ij} \in \{0, 1\}$ 表示节点 i 和节点 j 之间的关系。如果节点 i 与 j 之间存在关联，那么 $g_{ij} = 1$，否则 $g_{ij} = 0$。网络 G 中节点 i 的度是指与该节点有连接关系的节点个数，通常用 d_i 表示。从节点 i 到节点 j 之间存在最短距离的联结数量为 d（i，j）。节点的中心度有多种测度方式，其中对节点 i 而言，标准化后的点度中心度为：

$$C_D(i) = d_i / (n-1) \tag{4-1}$$

标准化的中间中心度为：

$$C_B(i) = \sum_{s \neq t \in N} \frac{\sigma_{st}(i)}{\sigma_{st}} / ((n-1)(n-2)) \tag{4-2}$$

其中，σ_{st}（i）表示从节点 s 到节点 t 的最短路径中经过节点 i 的次数，σ_{st} 表示从节点 s 到节点 t 的全部最短路径数量。

（二）技术领域间知识流动

相对于基于引用关系的技术流矩阵，基于专利分类号的技术信息挖掘规范化程度更高，操作更为简便。为了限定专利的技术保护宽度，一项专利通常被赋予多个 IPC 分类号，这种情况被称为分类号共现。经济合作与发展组织（OECD）《专利统计手册》[①] 中指出"专利共类"是衡量技术连接关系的潜在指标之一。专利技术共现分析法就是以多个分类号在专利文件中的共现频次来分析分类号所代表的技术主题之间的关联关系及关联强度。共类矩阵是由专利分类号共现关系建立起的网络结构（周磊等，2014；Leydesdorff and Vaughan，2006）。

一般认为，专利的主分类号与副分类号在专利技术创新中的作用存在较大差异：一项专利中，其主要知识所在领域被冠以主分类号，其他相关知识领域则被分别冠以副分类号。周磊等（2014）提出，按照主分类号与副分类号划分知识生产领域与知识接收领域，两者间的关系应被视为技术知识从知识生产流向应用终端。本章将通过区分产学合作专利的主、副分类号构建技术知识流网络。在构建知识流动矩阵时，首先需对 IPC 进行拆分，将首个 IPC 作为主 IPC，其余为副 IPC；其次利用 ISI-OST-INPI 分类体系[②] 将知识领域映射到技术领域。以主 IPC 对应的技术领域为行，副 IPC 对应技术领域为列，建立技术共类矩阵，矩阵中的元素（i，j）是领域 i 与领域 j 的共现次数。

[①] OECD 专利手册是指 *Patent Statistics Manual*。

[②] WIPO 官方发布了"IPC—Technology Concordance Table（ISI-OST-INPI）分类体系"，将专利类别与技术领域进行匹配，划分为 5 个部及 35 个技术类别。

（三）区域间知识流动

我国专利法规定，转让专利权或者专利申请权应当订立书面合同并由国知局予以公告。对于专利实施许可，2001 年颁布的《专利实施许可备案管理办法》与 2008 年颁布的《专利实施许可合同备案办法》都要求专利实施许可备案。这些公告与备案信息详细记录了专利转让前后专利权人的地理位置。本章提取了联合申请网络中申请人地址、专利转让网络中转让人与受让人以及许可网络中许可人与被许可人的地址，构建区域专利合作网络。具体利用 R 语言构建"地址—省份名称"空间数据库，识别每条专利对应的空间地理信息。选取我国 30 个省份（西藏除外）作为网络节点，构建区域合作网络分析我国跨省市的高校与企业之间的合作情况。

（四）节点角色识别

为了描述产学合作知识流的跨技术领域、跨区域特征，本章构建以下指标进行分析：区分内部吸收（IA）、内部扩散（ID）、外部吸收（EA）与外部扩散（ED）来刻画知识吸收与扩散能力，并整合技术绝对影响（TAI）和技术相对影响（TRI）两个指标度量节点角色。指标 TA_i 反映的是节点 i 吸收知识的能力，该指标越大表明此节点吸收的知识越多。TD_i 则表明节点知识扩散能力，该指标值越大说明该节点向外扩散的知识越多。TAI_i 是对节点整体能力的衡量，包含知识吸收与知识扩散两个方面，如果 TAI_i 越大，说明节点在知识流网络中的双向交流信息越多，充当中介的角色。TRI_i 是对节点知识生产绝对贡献的衡量，该指标越大说明该节点的知识贡献越大。

$$TA_i = EA_i - IA_i = \frac{\sum_{k=1}^{n} KF_{ki} - KF_{ii}}{\sum_{k=1}^{n}\sum_{j=1}^{n} KF_{kj}} \tag{4-3}$$

$$TD_i = ED_i - ID_i = \frac{\sum_{k=1}^{n} KF_{ik} - KF_{ii}}{\sum_{k=1}^{n}\sum_{j=1}^{n} KF_{kj}} \tag{4-4}$$

$$TAI_i = TD_i + TA_i \tag{4-5}$$

$$TRI_i = TD_i - TA_i \tag{4-6}$$

其中，KF_{ki} 为节点 k 到节点 i 的连接次数。

二、知识转移网络数据来源

本章选取 SIPO 数据库作为数据来源。SIPO 数据库覆盖了我国的专利信息。提取企业和大学联合发明专利、高校专利权转让、高校专利许可作为产学专利合作成果。

对于联合申请专利，选择申请人类型至少包含一个企业和一个高校的专利[①]。专利转让与许可的具体信息来自备案公告。在数据库检索规则上，按照专利申请人、法律状态信息进行筛选。本章的时间检索跨度为 2005～2015 年，即限制申请日、许可登记备案日期以及授权日为此时间段。利用 Python 构建爬虫程序，提取 SIPO 网站收录的 2005～2015 年的专利联合申请数据，共 83044 项。由于专利法律信息未体现在著录项中，高校向企业的专利许可及转让数据来自万象云数据库[②]提取，前者为 9024 项，后者为 19316 项。后期通过大量人工检验方式对数据进行清洗与校验，并结合 Random Selection、Cross Validation 等方式对数据进行核查以保证数据的准确与统一性。

第三节　产学专利合作知识转移网络特征

一、网络结构演变

本章首先将全部机构作为节点，机构间的合作关系作为边，构建专利合作网络；其次利用可视化技术建立专利合作网络图谱展示 2005～2015 年的专利合作情况（专利许可从 2008 年开始，2008 年以前专利实施许可合同备案中几乎没有高校专利实施许可的情况[③]）。图 4-1 将专利申请人或专利权人之间的合作关系以可视化图谱的形式予以展示。分别报告了联合申请、专利转让与专利许可三类

[①]　VanLooy 等（2006）为欧盟统计局开发出了一种将专利按部门分类的方法。该方法与经合组织的《弗拉斯卡迪手册》一致，将专利归属到个人、私营企业、政府、大学、医院与私营非营利组织。

[②]　数据来自万象云专利信息检索与情报服务平台，http：//www.wanxiangyun.net/。

[③]　2008 年颁布《专利实施许可合同备案办法》后，专利实施许可合同备案工作由国家知识产权局负责，此前，2001 年颁布的《专利实施许可备案管理办法》规定地方部门负责其行政区域内的专利合同备案工作，因此 2007 年国家知识产权局以前的数据可能不包括地方专利部门备案数据（谭龙等，2013）。

合作方式的网络图谱。显然，最近十余年来，三类合作的专利数量都经历了高速增长，且联合申请网络［见图 4-1（a）］的"中心—边缘"布局越来越明显。专利转让网络［见图 4-1（c）］经历了"分散分布"向"中心集中"模式的过渡，而专利许可网络［见图 4-1（b）］的集中趋势变化不明显。

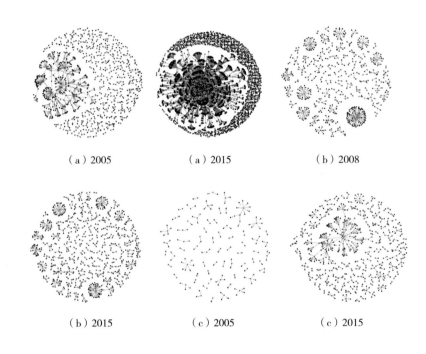

（a）2005　　　　　　（a）2015　　　　　　（b）2008

（b）2015　　　　　　（c）2005　　　　　　（c）2015

图 4-1　（a）（b）（c）专利合作网络图谱

注：图 4-1（a）联合申请；图 4-1（b）专利许可；图 4-1（c）专利转让。

在社会网络分析中，节点的中心度分布能够反映网络的整体结构，也可以称为网络的中心势。中心势考察的是一个网络边缘点以及中心点的中心度情况。如果一个网络较集中，那么中心点中心度高，而边缘点中心度低；如果一个网络较稀疏，那么中心点、边缘点的中心度没有显著差异。

本章通过拟合 2005~2015 年网络节点的点度中心度、中间中心度[①]分布来刻画网络整体结构变化。图 4-2 报告了联合申请网络的度数中心度密度曲线，其呈

---

① 另外一种常用的中心度为"接近中心度"，由于机构节点网络中存在未连通的边缘节点，接近中心度取值为 0。

现偏态分布，且随时间推移拖尾越严重，说明联合申请网络越来越集中，一些机构在联合申请网络中成为中心。对于专利许可与转让网络而言，虽然也存在一定的集中趋势，但该集中趋势随年份变化并不明显。

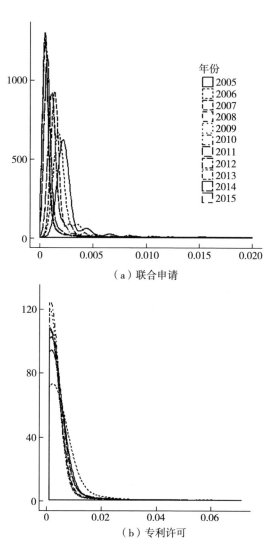

（a）联合申请

（b）专利许可

图4-2　（a）（b）（c）专利合作网络结构演变

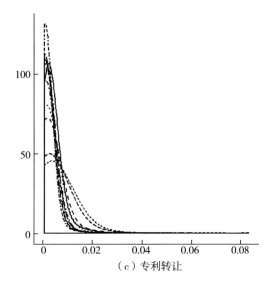

（c）专利转让

图4-2 （a）（b）（c）专利合作网络结构演变（续图）

二、节点角色分析

网络节点的角色在社会网络中有重要意义。本章将通过活跃度（度数中心度）与控制力（连接中心度）两个指标对节点角色进行分析，挖掘出网络中的关键节点。关键节点的展示为企业联合高校开展专利布局提供了依据。

图4-3展示了2015年产学专利联合申请网络的关键节点。在联合申请网络中，活跃度较高的节点基本为高校，其中清华大学、上海交通大学、浙江大学是度数最高的三个节点。控制力较强的节点则多为企业，国家电网公司、腾讯以及中国石油化工股份有限公司对其他节点的控制力较强。由于高校是具有多学科属性的机构单位，一所高校可能与多个企业联合开发专利，同时也可能将自身专利许可、转让给多个企业。由此形成以高校为中心，向外发散的网络结构，从而使高校在网络中的活跃度增强。当前技术融合度、复杂度不断上升，在这一背景下，企业将联合外部具有不同学科优势的高校或具有不同技术优势的企业进行专利合作，因而将充当连接不同组织机构的"中间人"角色。截至2015年转让与许可网络的分散程度仍较高，不存在特殊的处于绝对关键位置的节点。

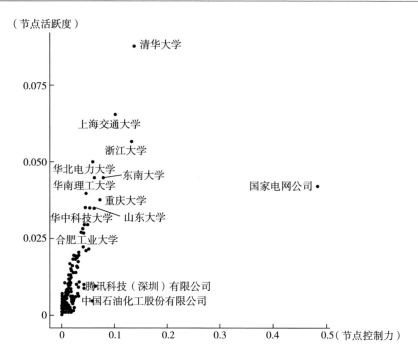

图 4-3 产学专利联合申请网络的关键节点

第四节 技术领域间知识转移网络

一、产学合作知识转移的技术选择特征

产学合作有较强的技术领域选择特征。由于技术领域的知识基础与需求不同，科学依赖技术领域（Science-based Technologies）的产学合作更加紧密（Meyer-Krahmer et al.，1998）。欧盟专利局针对 30 个技术领域构建了科学参考指数（Science Reference Index），指数结果在平均值以上的技术领域包括生物科技、制药、半导体、有机化学、食品化学、数据处理等。从行业层面产学合作积累的知识存量来看，交通运输设备制造业、医药制造业、化学原料和化学制品制造业等行业的产学合作关系更为活跃。利用专利合作网络对产学合作的技术领域进行分析需首先将专利与技术领域进行匹配。专利分类基于国际专利分类号，由部、大类、小类、大

组与小组构成。ISI-OST-INPI 分类体系将国际专利分类号划入 35 个技术领域。本章对联合申请、转让、许可涉及的专利进行了相应的技术领域匹配。

表 4-1 报告了分形式产学合作的主要技术领域。结果显示,当前产学合作密集的技术领域包括通信、能源、化学、生物、制药等。不同合作形式下产学合作密集的技术领域均较为集中,排位前十的专利数量都占全部技术领域专利数量的 50% 以上。且在具体领域上,排位前十的领域基本相同,但内部的顺序有所变化。

表 4-1　分形式产学合作的主要技术领域

序号 \ 类别	联合申请	专利许可	专利转让
1	电机、仪器、能源	高分子化学、聚合物	材料、冶金
2	高分子化学、聚合物	材料、冶金	电机、仪器、能源
3	材料、冶金	数字通信	制药
4	生物技术	生物技术	高分子化学、聚合物
5	制药	电机、仪器、能源	测量
6	土木工程	机械工具	生物技术
7	有机精细化学	环境技术	数字通信
8	测量	纺织和造纸机械	有机精细化学
9	数字通信	基础材料化学	环境技术
10	基础材料化学	有机精细化学	基础材料化学
占比(%)	55.36	61.28	59.38

根据技术领域分析结果可知,当前我国产学专利合作呈现出较明显的技术选择特征,合作密集的技术集中在能源、通信、生物与化学等领域,这些领域技术创新的基础知识需求较高,新产品、新技术的研发常常涉及大量前期基础实验与相关研究。此外,处于不同技术领域的企业有不同的合作形式偏好,例如,联合申请形式中最密集的技术领域是电机、仪器与能源,而专利许可方式中高分子化学、聚合物领域的合作最多,而材料、冶金领域在专利转让形式中较为多见。这

一现象在此前创新合作文献中已有一些发现和讨论：由于各行业有自身特殊的知识来源与创新模式，咨询、会议等产学交流方式对各个行业都发挥着重要作用，医药业更多地会采用专利许可权的形式进行产学合作，钢铁、航空、通信等研发密集型制造业更倾向于合作研发。

二、产学合作技术领域间知识流动

本章通过产学合作方式构建了知识流动矩阵（见表4-2）。图4-4报告了不同合作形式下的技术共现矩阵所形成的网络图谱。网络中箭头所指的方向代表知识生产的主IPC分类号所在技术领域向其他代表知识应用的共现技术领域的流动。从图4-4可直观看出，三种方式的产学合作所在技术领域均呈现一定程度上的"中心—外围"分化，转让网络中与其他技术领域联系较少的相对孤立的节点个数较多，而联合申请的专利各技术领域之间的联系较为紧密。

表4-2　产学合作技术领域间知识流动矩阵　　　　　　　　单位：个

	电机仪器能源	视听技术	电信	数字通信	基本沟通流程	计算机技术	IT管理方法	半导体	光学	测量
电机、仪器、能源	14688	60	44	43	25	128	164	119	44	213
视听技术	48	726	6	12	7	21	0	14	21	16
电信	26	1	2663	428	16	50	3	8	27	105
数字通信	46	24	524	9615	29	459	46	0	31	64
基本沟通流程	8	5	15	12	559	8	0	0	1	5
计算机技术	162	31	23	291	15	6679	197	22	10	131
IT管理方法	35	4	3	31	0	166	1671	0	0	13
半导体	134	39	5	10	0	30	0	4185	56	38
光学	47	34	54	37	1	36	0	54	2226	55
测量	169	11	147	69	13	177	28	27	80	9214

注：知识流动方向为从行到列，表中数字为专利数。

联合申请网络中"特殊设备"（tech29）、"电机、仪器、能源"（tech1）与"控制"（tech25）等领域处于网络的中心位置，说明这些领域的技术吸收与技术扩散能力都较强。网络中合作较紧密的技术领域有"特殊设备""热工过程与设

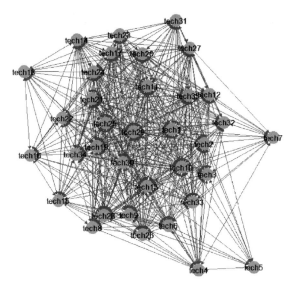

（a）联合申请

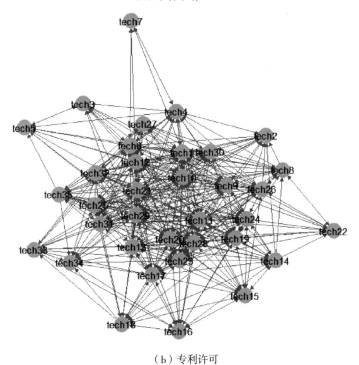

（b）专利许可

图4-4　（a）（b）（c）技术共现网络图谱

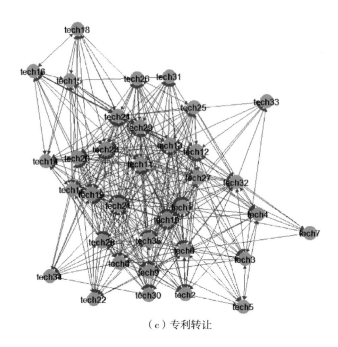

（c）专利转让

图4-4　（a）（b）（c）技术共现网络图谱（续图）

备""基础材料化学""控制"，这些技术之间互相提供材料与基础支持。在专利转让网络中，合作较为密切的技术领域有"生物材料""化学工程"和"医疗技术"，这三个领域之间互相都有技术吸收与扩散现象发生，例如，"生物材料"可以用于"化学工程"的生产，将之制备成产品，同时"化学工程"产品可为"医疗技术"提供所需材料。虽然一些技术领域未处于网络中心位置，但在技术扩散或技术吸收的某一方面较为活跃。制药业在产学合作中是典型的技术吸收领域，这是由于制药业流程复杂，对基础知识创新要求高，需应用基本化工原料、精密仪器、生物技术、测量等其他领域技术。产学合作密切的技术领域多涉及物理、生物、化学等基础学科，反映了这些领域对基础研发知识的依赖以及我国企业在这些领域基础研究力量较薄弱的现状。

　　对技术共现网络节点角色（见图4-5）进行分析可知，在三类合作方式中，生物技术、有机精细化学、化学工程、高分子化学与聚合物都是网络中贡献度与活跃度较大的技术领域。虽然制药领域的贡献度较小，但在联合申请与许可网络中是最活跃的技术领域，在转让网络中活跃度处于平均水平。剩余节点的活跃度都分布在平均活跃度以下，且贡献度较小（围绕在纵轴＝0 附近）。节点角色的分析进一步验证了网络中关键节点较为集中的现实。这些有重要角色的技术领域是进一步推进产学合作发展、加强技术领域间联系应关注的方向。

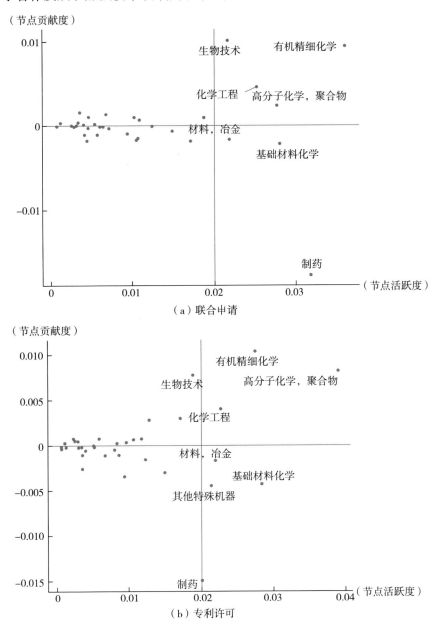

图 4-5　技术共现网络节点角色

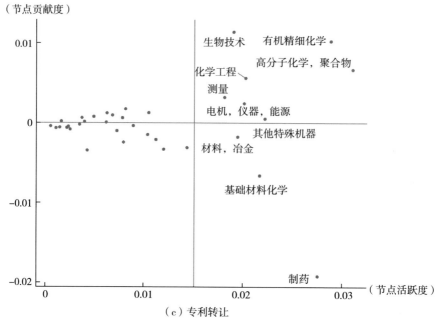

（c）专利转让

图4-5 技术共现网络节点角色（续图）

图4-6展示了技术领域网络中的知识流动状况。结果显示，制药是典型的知识吸收领域，而有机精细化学、高分子化学与聚合物、

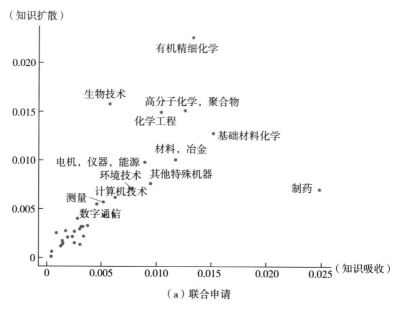

（a）联合申请

图4-6 （a）（b）（c）技术领域知识流动特征

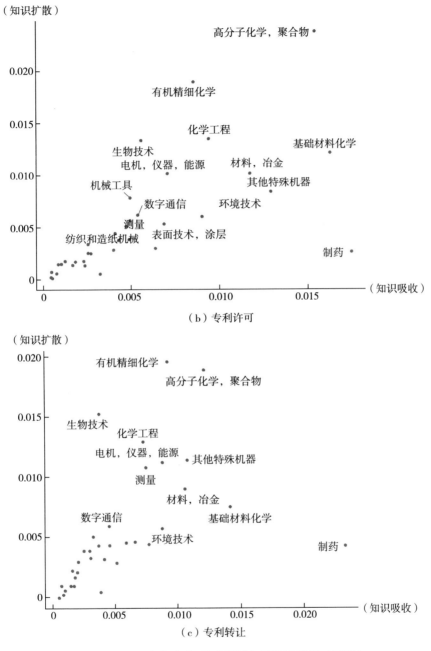

（b）专利许可

（c）专利转让

图4-6 （a）（b）（c）技术领域知识流动特征（续图）

生物技术、化学工程等更偏向基础学科的技术领域则是知识扩散的主要阵地。剩余大部分技术领域的知识吸收、知识扩散水平基本持平，分布在对角线周围。

第五节　区域间知识转移网络

一、产学合作知识转移的空间集聚特征

大量文献给出了中国的各个区域存在空间经济互动的证据，因此从空间角度分析产学合作发生的知识流动能够与其他经济现象与问题建立有效关联。通过区域间的合作一方面可以更好地了解高校作为知识生产源所发挥的作用，另一方面也能反映企业利用外部知识、寻求外部合作的情况。在我国区域发展不平衡、科技创新资源分布不均衡的局面下，如何通过产学合作助力区域协同创新的发展对各区域乃至国家的创新绩效提升有重要意义。

基于我国30个省份（西藏、香港、澳门、台湾除外）产学联合申请、转让与许可专利数量的统计数据，将各省市划分为中心—外围两个层次：中心层次包括北京、上海、浙江、江苏、广东、山东几个技术交易密集省市，这些省份之间的交易较为集中。而处于边缘点的省份的技术交易数量较少，且相对分散。

以省份间的专利合作为基础，各省份为节点，绘制区域技术交易图谱，如图4-7所示。其中，合作的频次与网络的边粗细成正比。图4-7结果显示，在三类专利合作网络中，许可方式的网络集中程度最高，同时个别边缘节点的孤立程度非常高。联合申请网络的均衡性最强，中心省市间的联结更为紧密，但边缘省市的联结广度也相对较强。

区域合作网络中节点的度代表与该地区有过合作关系的地区数量，某一节点的度数越大，说明该区域合作辐射范围越广。联结次数表示该区域与其他区域发生专利合作的次数，数值越大则辐射范围越深。借鉴吴翌琳等（2017）定义的合作强度指标，分析区域产学合作的广度与深度。以广度与深度指标的均值为界，将区域划分为四类：高广度—高深度、高广度—低深度、低广度—高深度与低广度—低深度。图4-8对各省市进行深度—广度划分。联合申请网络的高深度—高广度节点最多，仅有海南、宁夏、青海、新疆几个省份为低深度—低广度区域。转让网络与许可网络则相反，仅有个别节点（江苏、北京、广东、浙江）被划分为高深度—高广度类别，大部分区域的表现不佳。

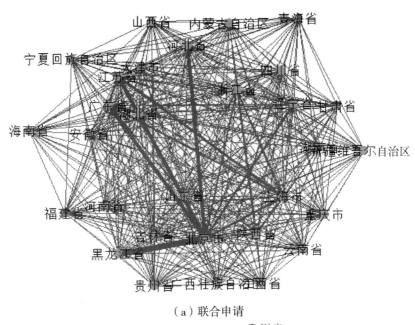

（a）联合申请

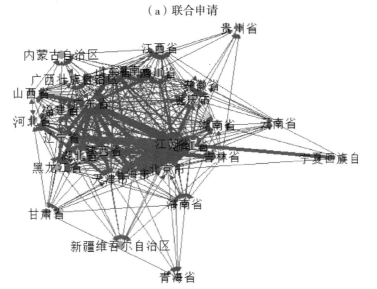

（b）专利许可

图 4-7 （a）（b）（c）区域合作网络图谱

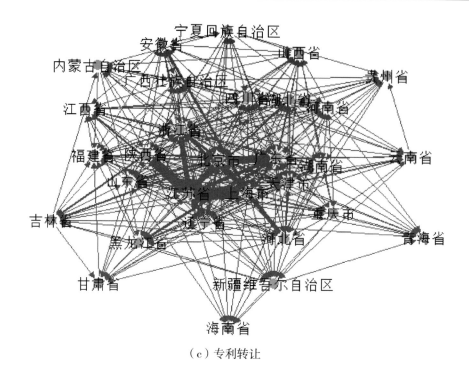

（c）专利转让

图 4-7　（a）（b）（c）区域合作网络图谱（续图）

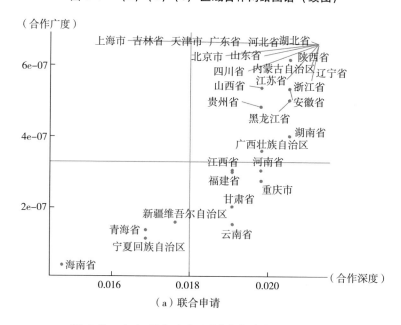

（a）联合申请

图 4-8　（a）（b）（c）区域合作广度和深度分析

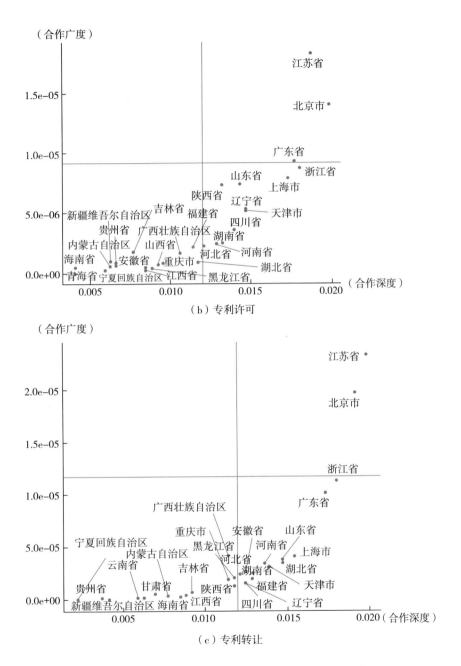

图 4-8　（a）（b）（c）区域合作广度和深度分析（续图）

二、产学合作空间知识流动

无论通过何种方式，知识流动都具有空间局限性。Jaffe 等（2000）研究表明，专利在同一地理单元的相互引证概率大于不同地理单元间的互引概率。Moreno 等（2005）利用 GIS 技术刻画了区域知识溢出，他们分析了欧洲 175 个地区间知识溢出的衰减距离，结果发现距离超过阈值后区域间的知识溢出不再显著。

企业与高校联合申请专利时知识流动是双向的、对称的，很难区分主体间的知识吸收与扩散程度。而高校对企业的专利转让与专利许可有明显的知识流动方向。因此本章基于知识流动矩阵分析产学合作的空间知识流动现状与规律，并计算区域的知识吸收与扩散能力。表 4-3 为区域产学专利联合申请知识流动矩阵。

表 4-3　区域产学专利联合申请知识流动矩阵

省份	上海	北京	天津	山东	广东	江苏	浙江	福建
上海	9130	1219	207	318	916	1535	829	135
北京	1219	21060	600	861	1829	2423	817	216
天津	207	600	1732	90	194	202	89	38
山东	318	861	90	3176	176	207	144	89
广东	916	1829	194	176	11002	943	327	119
江苏	1535	2423	202	207	943	14438	686	131
浙江	829	817	89	144	327	686	7274	61
福建	135	216	38	89	119	131	61	1314

注：知识流动方向为从行到列。

图 4-9 报告了区域知识扩散与知识吸收。在两类合作方式中，江苏省的知识吸收能力都较强，是典型的知识海绵型区域。上海、北京则更偏向于知识扩散，是知识喷泉型区域，这与其高校分布较多的现状相吻合。广东、浙江两地知识吸收与知识扩散较为平衡，表现为知识中介类区域。而新疆、宁夏、海南等省份的知识扩散与知识吸收能力都较差，说明其与外界的知识流动较少，形成知识孤岛。

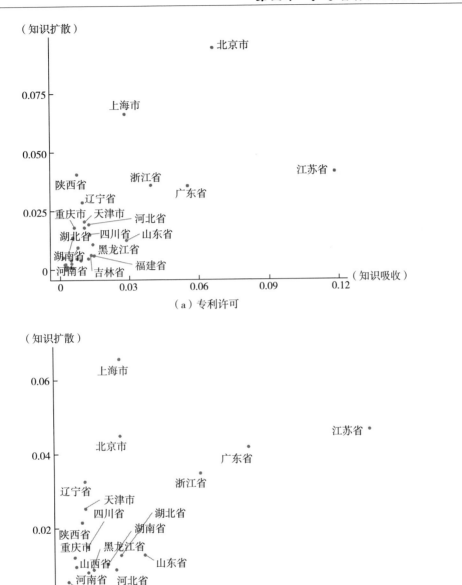

图 4-9 （a）（b）区域知识扩散与知识吸收分析

第六节 本章小结

产学专利合作有联合申请、转让以及许可三种基本方式，不用方式下的合作特征与知识流动可能有不同表现。本章利用社会网络方法构建了三种合作方式下的产学专利合作网络、技术共现网络与地区合作网络，结合专利大数据，对网络的基本属性与演变、关键节点以及知识流动机制进行了实证研究。

研究结果表明：我国产学专利合作不断加深，企业与高校之间的协同创新从分散分布逐渐演变为"中心—边缘"机制，以机构为节点的合作网络集中趋势加强，涌现出一批"核心"节点，例如，高校中的清华大学以及企业中的国家电网公司。本章利用社会网络方法对节点特征进行分析，发现在产学机构合作网络中，重要性突出的节点基本是高校，而控制力较强的节点都是企业。这一结果反映了我国产学合作中企业为合作关系主导、高校为知识提供者的现状。

异质性知识的耦合及其流动是产学合作的内在机制，合作网络为知识流动提供了通道。本章通过构建技术共现矩阵与区域合作矩阵在技术领域、区域两个层面上考察了产学合作的知识流动情况。结果发现，当前我国制药领域的知识吸收能力较强，而化学相关的有机精细化学、高分子化学与聚合物等领域是知识扩散的源头。在区域上，江苏省是典型的知识海绵型区域，北京、上海由于高校密集程度高，是知识喷泉型城市，而广东、浙江在知识吸收与扩散上表现较为平衡，充当知识中介的角色，新疆、海南、青海等省份则相对孤立，形成知识孤岛。

基于本章结论，有以下三点政策建议：①政府与相关部门需进一步制定与完善高校专利技术转移、知识产权保护的法律、法规。构建完善的技术交易市场，提高高校的技术供给积极性。②应积极发展服务于产学合作、专利技术转移的中介机构、服务平台等，促进以市场为导向的技术转移机制的形成。③企业作为技术吸纳主体，应针对产学合作的技术领域特征与区域合作特征进行专利布局，从而充分利用外部知识，保持自身竞争力。

第五章 产学合作创新群落①

当前对产学知识转移的大部分重点都放在促进大学和公司之间的二元互动上。然而，只有少数研究从群落创新角度讨论知识转移。本章研究揭示了产学合作创新群落的显式结构和动态特征。结果表明，中国产学创新群落呈现单中心和多中心两种典型结构，并正在从"本地化"向"专业化"发展。采用群落成员流动来测度群落动态演化，发现我国产学创新群落具有动态特征。本章研究结果通过将社交网络机制映射到群落生成、进化和知识转移中来推进创新群落理论。为从事知识商业化和创新的产学创新群落利益相关者和从业者提供了重要借鉴。

大学通常被描述为"增长引擎"，它产生的技能和研究成果是企业新知识和创新的关键外部来源（Mansfield，1995；Pavitt，2001）。许多政府和研究机构致力于寻求促进企业和大学之间互动的方法，期望这种合作能够改善其国家或地区中的生产流程和竞争力（OECD，2007）。产学合作是国家创新体系不可或缺的一部分，其促进了知识溢出，并在学术界和工业界之间建立了合作网络。通常，大学和工业界之间的知识转移被认为是创新和经济增长的重要驱动力，其能够促进了企业内部新科学知识的商业化（Bercovitz and Feldman，2006）。

此前关于产学合作中知识转移的研究主要强调了两个方面的影响：整体网络和个体网络。整体网络视角强调宏观环境的作用，例如，网络结构和网络位置。有研究认为，2000~2015 年中国的大学知识转移网络通过幂律模式从早期的单中

---

① Wang W.，Lu，S. University-industry innovation Community dynamics and knowledge transfer：Evidence from china ［J］．Technovation，2021，106：102305.

心网络转变为成熟的多中心网络。Hong（2008）表明，1985~2004年，中国从大学流向企业的知识呈现分散化趋势。此外，Tortoriello等（2012）提出，网络凝聚结构对知识转移有积极影响。而个体网络视角关注了微观层面产学连接的影响，例如，强联系（Hansen，1999）和邻居节点的特征（Reagans and McEvily，2003）。Hansen（1999）认为，强联系促进了复杂知识的转移。Reagans 和 McEvily（2003）指出，将邻居节点与不同的知识库连接起来有助于知识转移。还有大量研究指出，社会联系、信任、知识产权政策、技术相关性和技术能力是知识转移的重要促进因素（Santoro and Bierly，2006；Thomas and Paul，2019；Alexander et al.，2020）。尽管上述整体网络与个体网络两个方面经常被用来描述产学合作中的知识转移，但它们都存在对产学群落内外的产学关系理解不完整的风险。

在过去十年中，创新研究的一个重要发展是在开放式创新框架中认识到群落的现象（West and Lakhani，2008；Fleming and Waguespack，2007）。产学群落是创新生态系统的重要组成部分，反映了生态系统子环境的状态。然而，尽管现有研究已致力于在网络视角下讨论产学知识转移问题，但对其中的群落结构仍缺乏深入分析。根据创新群落理论，基于群落的创新发生在适合开放式创新的公司边界之外（Chesbrough，2003；Chesbrough et al.，2006；Gassmann，2006）。先前的研究已经证实，群落在共生、竞争和合作的共同作用下动态演变，以诱导系统的整体演变（Lynn et al.，1996）。知识转移是群落成员互动的基本形式，也是组织学习的关键先决条件（West and Lakhani，2008）。群落动态变化中将不断更新知识需求，从而促进成员之间的知识转移（Sytch and Tatarynowicz，2014）。

考虑到"群落"现象在开放式创新框架中的重要性及其对大学知识转移的影响，我们试图通过探索以下研究问题来全面理解产学群落和知识转移：①产学群落的基本结构；②群落动态如何影响大学知识转移？这些问题的答案将为基于群落的开放式创新中的知识转移提供新的理解。使用产学联合申请专利数据集，我们确定了关于中国产学创新群落特征的几个典型化事实。实证研究结果表明，大学的知识转移绩效取决于群落动态。

本章通过将社交网络机制映射到群落生成和演化过程推进创新群落理论。这一方法有助于对创新群落结构和动态进行更好的定量分析和可视化（West and Lakhani，2008）。通过讨论产学群落动态及其对大学知识转移的影响，我们的研究将以大学/公司为中心的产学知识转移研究扩展到群落层面（Ye et al.，2020；

Granstrand and Holgersson，2020）。最后，我们的研究阐明了创新群落利益相关者如何在基于群落的开放式创新框架中促进知识转移和提高创新绩效。

第二节　产学合作创新群落概念界定

已有研究证实，大学、公司及其合作关系嵌入产学合作网络中（Ahuja，2000；Thune，2007）。在产学合作网络中，高校和企业是节点，高校和企业之间的合作关系形成网络链接。创新网络领域的研究表明，组织间合作网络存在模块化的群落结构（Gulati et al.，2012）。网络群落最初被认为是由整个网络中不重叠但密切相关的节点聚合形成的子群（Newman and Girvan，2004）。由于资源偏好的异质性和信任倾向，群落在空间上表现出一种分组现象。Ye 等（2020）指出，2004~2014 年，中国知识转移网络中存在明显的群落结构。虽然网络分析是量化群落结构的有用方法，但它无法解释群落的形成和发展。因此，我们采用创新群落相关理论来支持本章对产学创新群落的研究。创新领域已有的解释产学创新群落形成的理论包括创新群落理论和创新生态系统理论（Lynn et al.，1996；de Vasconcelos Gomes et al.，2018；Granstrand and Holgersson，2020）。

最初，创新群落概念由 Lynn 等提出，是指所有直接或间接参与技术商业化的组织所形成的边界结构（Bell，2005；Pouder and St. John，1996）。创新群落的成员在创造和商业化知识方面拥有独特的能力。群落成员通过促进互动和促进知识流动来激发创新活动（An et al.，2014）。成功的产学伙伴关系可以通过长期发展形成创新群落，从而更具战略性和开放性。长期的合作伙伴关系也有助于减少与交易相关的障碍。组织间联盟研究表明，合作的持续时间是一个关键的决定因素，合作经验被用作控制变量（Hagedoorn and Schakenraad，1994；Hertzfeld et al.，2006）。然而，合作经验仅针对大学和公司之间的每一个二元伙伴关系进行衡量。产学创新群落则提供了一个多方面的平台。从长远来看，多所大学和公司可以参与知识转移，这就将我们的研究与其他研究区分开来。

我们基于社会网络理论对产学创新群落进行网络分析，重点关注这些群落的识别方式、群落内节点的关系以及群落之间的关联（Sytch and Tatarynowicz，2014）。近年来，关注使用社交网络分析对创新群落进行研究的文献有所增加。例如，一些学者利用深度访谈和文献数据来探索创新群落中公司的在线行为

（Salavisa et al.，2012）。其他学者使用专利数据来检验创新群落的结构及其对公司创新活动的影响（Sytch et al.，2012；Wang and Yang，2019；Shipilov and Gawer，2020）。West 和 Lakhani（2008）将创新群落理论扩展到开放式创新的背景下。然而，只有少数研究遵循了这一发展（Fichter，2009；Chesbrough et al.，2014；Shaikh and Levina，2019）。本章研究是为数不多的在开放式创新中深入讨论产学群落以了解群落动态与知识转移之间关系的尝试之一。基于创新群落理论和社会网络分析，我们首先关注的是描述群落的识别和演化。针对这个问题，我们从两个方面进行分析：一是开展群落结构可视化并探索其学习机制；二是使用群落成员流动来衡量群落动态，并探索它们对知识转移的影响。

知识转移是产学群落的基本交互形式之一。整体和个体网络层面的文献关注产学合作网络结构的作用。其中，一个研究方向是中心位置和结构漏洞如何影响知识转移（Inkpen and Tsang，2005）；另一个方向是研究公司和大学的特征，以及知识转移的渠道（Agrawal，2001）。

尽管如此，群落特征，尤其是群落动态，在基于群落的开放式创新中发挥着重要作用。在本书中，我们将群落动态定义为成员更替，即成员频繁进出的现象（Greve et al.，2010；Rosenkopf and Padula，2008）。Porter（1980）认为，成员变化可以有效地提高绩效，而稳定的成员可能会产生负面影响。加入群落的新成员可以开发不同类型的知识及需求。这一流动还更新了群落知识库，丰富了资源多样性。因此，成员变动有助于避免群落内的资源同质化问题，从而促进知识转移。随着成员流失率的不断提高，群落动态的成本将超过资源异质性带来的收益。极端的群落动态会破坏群落成员之间的相互信任（Lynn et al.，1996；Sytch and Tatarynowicz，2014），而高度信任有助于减少知识持有者对合作伙伴机会主义行为的焦虑（Gulati and Gargiulo，1999），并增加成员之间的沟通渠道和频率。信任还有利于提高大学转移知识的意愿（Hansen，1999）。在群落成员之间建立信任非常耗时，并且需要经验。极端的成员更替率可能会破坏群落内的合作管理和资源共享机制（Zaheer et al.，1998）。

即使在产学创新群落中，一些大学也可能占据更有利的结构位置，因此有幸从群落获得更多的知识和资源（Dahlander and Frederiksen，2012）。大学的知识转移过程可能会根据它们在群落中的地位而有所不同。处于网络中心的组织与其他组织有更直接的联系，在促进知识转移方面就具有显著优势（Wasserman and Faust，1994）。在产学创新群落背景下，处于群落中心的大学可以很容易地与企业建立信任机制，促进知识转移。首先，位于中心位置的大学可以降低交易成本并促进知识转移（Van de Ven，1986）；其次，处于产学协作网络中心的大学可以获得更多的信息和资源，有利于技术成果的转移。因此，当大学的中心性较高时，大学知识转移可以更多地从群落成员流动中受益。

第三节 产学创新群落的识别

一、创新群落数据

专利数据是一个开放且可用的数据源。许多先前的研究已使用专利数据来评估技术转让（Park et al.，2013；Ponomariov，2013），证实专利是工业技术发展的关键指标。在知识转移文献中，我们将网络定义为一组异构分布的知识库或参与者（节点），它们创建、搜索和传输知识，并通过社会关系（边）相互连接，从而能够转移知识（Phelps et al.，2012）。大学和企业的共同申请专利行为反映了它们在知识转移网络中的关系。我们使用共同申请发明的社会网络分析来可视化大学和公司的知识转移网络的内部结构。此外，群落是联合专利申请网络的中观结构。因此，联合专利申请网络群落的边界可以反映大学和企业之间知识转移的边界。

中国的专利分为三类：发明、实用和外观设计。本书使用发明专利的数据，因其更具创新性。具体使用 2000～2017 年中国产学专利合作申请数据开展实证研究。首先，构建我们的数据集的起点涉及选择专利已被大学和公司联合申请。我们将名称中带有"大学"和"学院"（或相应缩写）的申请机构视为大学，将名称中带有"公司""公司""工厂"或"集团"（或相应的缩写）等中文字样的申请机构视为公司。使用上述搜索规则还可找到具有大学和公司作为关键字的其他组织，我们只保留大学与企业法人的合作申请。其次，从中国国家知识产权局专利检索分析平台（即国家知识产权局数据库）下载这些联合发明专利申请数据。再次，我们过滤掉专利家族，因为它们包含所有涉及相同技术主题的专利文件。本书的研究对象是中国的企业和大学，因此，排除国外专利联盟和国内外专利合作。此外，我们清理下载数据中的大学和公司名称，以保持相同专利申请人名称的一致性。对于大学申请者，清理大学附属学院和学校。对于具有多种组织结构的公司，将所有分支机构名称都清除为总部名称。这些清洗数据步骤使我们能够在 18 年的样本期间获得 138333 项专利、421 所大学和 19636 家公司。在此期间，网络规模发生了巨大变化，从 2000 年的 50 所大学和 88 家公司增长到 2017 年的 321 所大学和 4534 家公司。

由于申请人不止由一所大学或公司组成，需将它们分解成二元组。在这里，群落识别是基于大学和公司在群落间或群落内连接的密集或稀疏程度，而不是连接强度。为此，我们构建了一个未加权的网络。此外，网络群落旨在展示长期合作，我们设置了一个时间窗口作为合作持续时间并重建产学合作网络。由于合作申请数据无法报告联盟终止的日期，我们使用五年窗口来跟踪合作持续时间（Gulati and Gargiulo，1999；Zang，2018；Yan and Guan，2018）。

二、识别网络群落

本章利用 Newman-Girvan 算法的扩展来评估群落结构，如果在不考虑群落结构情况下，网络连边随机下降，那么落入群落的边的个数与相同数量的期望值之间的差异最大。模块度越大，创新群落表现为越强的割裂状态。具体计算公式为：

$$Community = \frac{1}{2m} \sum_{ij} \left(A_{ij} - \frac{k_i k_j}{2m} \right) \delta(i, j) \tag{5-1}$$

其中，A_{ij} 表示网络中节点 i 和节点 j 之间边的数目；m 表示网络中边的个数；$\frac{k_i k_j}{2m}$ 表示随机状态下节点 i 和 j 之间边数的期望值。

模块度指标数值越大说明群落结构越明显，即群落内连接相对群落外更紧密。一般认为，当模块度大于或等于 0.3 时，表明该网络存在较强的群落结构，否则群落结构不显著。结果显示我国产学合作创新群落的模块化值在 0.76 和 0.89 区间变化，这表明在整个研究期间存在显著的群落结构。进一步，我们采用 Blondel 等（2008）提出的 Louvain 算法识别产学合作网络中的群落。Louvain 算法包括两个步骤：第一步是将节点分配给群落，从而有利于模块度的局部优化；第二步是根据第一步中找到的群落定义一个新的粗粒度网络。重复这两个步骤，直到没有进一步的模块度增加使群落需要重新分配。本章利用网络可视化技术分别展示了 2000~2004 年和 2001~2005 年两个时间段（两个快照）内我国产学合作创新群落中规模最大的 3 个、5 个、10 个群落的结构（见图 5-1）。

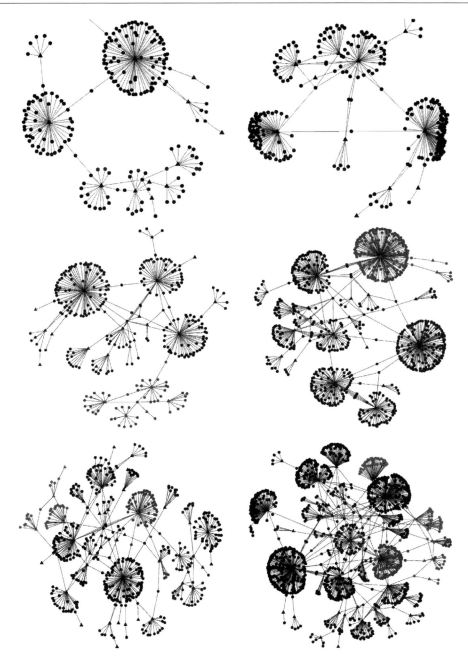

图 5-1　2000~2004 年和 2001~2005 年主要成分群落结构

注：左边三幅图为 2000~2004 年的群落结构；右边的三幅图为 2001~2005 年的群落结构。

第四节　创新群落的动态特征

一、群落成员流动

根据 Sytch 和 Tatarynowicz（2014），如果群落在连续两个时期（t 时期和 $t+1$ 时期）的成员重叠率为 30% 以上，且在 $t+1$ 时期未出现与该群落成员重叠率更高的群落，则认为该群落仍然存在，且经历了从 t 时期到 $t+1$ 时期的演化。相反，未能满足 30% 成员覆盖率则意味着该群落在 $t+1$ 时期已解散，而在 $t+1$ 时期对应的群落将被视为新群落。研究发现，我国产学合作创新群落的生命周期变化很大，平均为 4 年。如果群落生存时间越长，那么发展越成熟，所经历的发展阶段越完整。

我们专注于 14 个时间段（2000~2004 年，2001~2005 年，…，2013~2017 年）中存活时间最长的五个群落的动态进化和学习机制。共同体 1（C1）中的专利分为三个技术领域："供电或分配电力的电路布置或系统；储存电能的系统"［国际专利分类（IPC）：H02J］，"测量电变量；测量磁变量"（IPC：G01R）和"扫描探针技术或设备；扫描探针技术的应用"（IPC：G06Q）。群落 2（C2）中的专利分为"电子数字数据处理"（IPC：G06F）和"数字信息传输"（ZPC：H04L）。图 5-2 中的（a）和（b）显示了 1~14 个时间段中 C1 和 C2 的群落结构以及群落动态演化，还说明了 C1 和 C2 尺寸的不断扩大，且在群落中充当桥梁公司节点的数量也在增加。群落 3（C3）中的专利被归类为"地球或岩石钻探"（IPC：E21B）。群落 4（C4）中的专利被归类为"墙壁、地板或类似覆盖材料"（IPC：D06N）。图 5-2 中的（c）和（d）显示了 C3 和 C4 的群落结构以及群落的动态变化。

在本书的背景下，特殊群落是清华大学。该群落中的专利集中在"半导体器件；未另行规定的固态电器件"（IPC：H01L）。该群落在整个观察期内保持单中心特征，清华大学占据中心位置。这个群落表明，清华大学对产学合作的意义是非同寻常的。

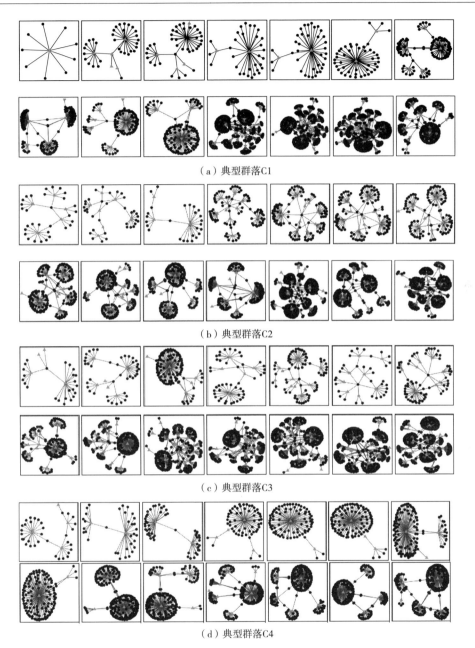

（a）典型群落C1

（b）典型群落C2

（c）典型群落C3

（d）典型群落C4

图5-2　（a）（b）（c）（d）典型的中国产学合作创新群落结构与动态演化

二、群落学习机制

本章还使用了"同一城市的节点比例"和"技术集中度"来描绘群落学习

机制的演变。结果表明，C1 在前六个时间段观测中同城成员比例较高（超过40%），技术集中度较低（基尼指数小于 0.5）。第七个时间段后，同城成员比例开始下降，群落技术集中度增加。因此，有理由认为 C1 经历了从"本地化学习"到"专业化学习"的转变。同样地，C2 特点是同城成员比例迅速下降，群落的技术集中度一直都比较大。因此，我们可以推断 C2 处于"通过专业学习"的阶段。C3、C4 同城成员比例下降，技术集中度逐渐上升，基尼指数低于 0.8。因此，这两个群落具有相似的发展轨迹，并正在过渡到"专业化学习"阶段。上述分析结果表明，当群落刚形成时，地理位置比较接近，成员在同一个城市的比例比较高。在随后的发展过程中，产学群落与同类技术领域的联系更加紧密。因此，我们认识到平均地理距离和知识多样性都是表征产学创新群落的重要变量。

第五节　本章小结

本章讨论了产学创新群落，并验证了群落动态与知识转移的联系。三个因素促使我们关注产学群落：首先，群落是产学协作网络中的常见结构，它们具有较低的交易成本和群落成员之间较高的互信度；其次，将社会网络机制映射到群落生成和演化过程中，推进了创新群落理论的发展；最后，在基于群落的创新背景下，群落动态对大学知识转移的影响仍未可知。研究产学群落和知识转移的重要性在其他正在进行的研究工作中也得到了回应：例如，West 和 Lakhani（2008年）指出，群落为扩展以公司为中心的开放式创新概念提供了基础。Ye 等（2020）表明，寡头垄断群落出现并深刻影响着大学知识转移网络。

Moore（2016）提出创新生态系统经历着诞生、扩张、发展和死亡的生命周期。创新群落的诞生起源于本地产学关系的发展。在扩张阶段，群落转向培养专业技术。中国的产学合作网络具有密集连接的群落结构。这些群落呈现出单中心和多中心结构。前者的特点是一所大学主导产学关系，后者的特点是多所大学平等合作。群落结构的演进将从单中心向多中心过渡。本章展示网络可视化结果并进一步揭示了群落的学习机制。我们验证了产学群落正在从"本地化"演变为"专业化"。

第三篇　应用篇

第六章　区域层面产学合作与创新绩效[①]

第一节　引言

区域创新体系内各主体间的互动交流是推动区域创新产出乃至经济增长的重要动力[②]。产学合作是区域创新体系中最活跃的一对关系。在当前技术融合的大趋势下，任何企业都难以掌握持续发展需要的全部技术，而大学也承担着科技成果转化的使命，两者之间的密切合作将成为引领新一轮创新浪潮的核心。

产学合作的本质是异质性知识的耦合。从企业与高校主要从事的 R&D 活动类型上可以明显观察到两者拥有异质性知识的事实。企业的研发活动集中于试验发展方面，更加重视技术的应用，而大学则更侧重于基础研究与应用研究，在 2016 年全国基础研究支出中，企业占比仅为 3.16%，高校占 52.55%。企业与高校在主体研发活动类型上的互补是其拥有异质性知识的前提。区域创新系统中企业可利用的知识有自身研发知识与产学合作知识。企业对外部知识的利用能否有效促进企业创新是社会各界广泛关注的议题。

本章的内容安排如下：①检验产学合作知识存量的企业创新效应。首次基于产学合作知识存量结果开展实证研究。在知识生产函数框架下讨论产学合作知识存量的创新效应。②讨论了产学合作与内部研发之间的关系，试图解答产学合作异质知识与企业内部研发知识之间存在"协同"还是"替代"关系的问题。③在区域异质分析中，考察了区域研发强度、产学合作深度两种异质样本划分下

---

① 王文静，张卫. 产学知识耦合的协同创新效应——基于创新系统的视角［J］. 中国科技论坛，2019（7）：61-68.

② 区域创新体系是一个由在地理上相互分工与关联的生产企业、研究机构和高等院校构成的区域性组织系统（Cooke，1996）。

产学合作知识存量创新效应的不同表现以及与内部研发之间的关系变动。

第二节 区域创新系统内产学合作与企业创新绩效

任何一个区域都具有企业和高校两类主体，对企业而言，它们将与全国范围内的高校进行研发合作，从而形成合作研发模式的产学合作关系。对于高校，其可通过技术转让方式与企业开展合作同时获得转让收入，这是另一类常见的产学合作形式。只有通过对产学合作模式的详细划分及其与企业自主研发的关系统一考虑，才能较为全面地展示产学合作协同创新的组织协调方式，为区域创新水平提升路径选择提供有益参考。

产学合作是区域创新体系中互动关系的重要组成部分。区域创新体系理论根植于国家创新体系，后者的本质是知识在生产、扩散和使用过程中发生的联系（Lundvall，1992）。国家创新系统的主体包括企业、大学、科研机构等，其在知识上的互动决定着整个系统的绩效（Nelson，1993）。对于我国而言，内部各区域存在多样性与较大差异，随着知识经济发展，我国的区域创新系统也经历了深刻的变化。在国家层次上研究创新体系并不能很好地考察这些问题，而区域创新系统分析将为这些差异的解释提供结构性解释（李习保，2007）。

在区域创新体系中，除创新投入因素以外，创新主体、主体之间的关系等系统因素是影响创新产出的重要因素。企业、高校、科研机构、政府、金融中介等主体协同互动对创新的促进作用被称为协同创新效应。李习保（2007）研究验证了我国各区域投入的研发资源同比增长未能导致创新产出同比增长，这一现象说明除创新活动的资源投入之外，创新主体间的合作关系还是提高区域创新系统绩效的另一个重要因素。白俊红等（2009，2015）通过计量验证了区域创新系统内企业、高校、科研院所、政府和金融机构等主体的联结关系对区域创新效率的影响，并考虑了区域系统之间可能存在的关联效应。

产学合作是区域创新体系中最活跃的一对关系，产学之间的有效互动与协同创新能够降低知识流动成本，优化创新资源配置。区域创新体系中的高校是基础知识生产的主要阵地，产学合作能够加速基础知识向生产力的转化，为企业创新提供外部知识补充。

基于以上理论阐述，本章提出假设一：产学合作知识存量对企业创新产出存在显著正向影响。

第三节 产学合作与企业内部研发的关系

自产学合作受到研究者关注以来，其与企业内部研发之间的关系就被反复讨论与验证，形成"互补说"和"替代说"两种观点。Love 等（1999）认为，传统创新分析将创新过程简化为线性的做法并不准确，除了企业自身的 R&D 活动之外，还应考虑技术转让以及与其他组织的合作，即纳入企业与外部组织和技术进行的交流。其利用 1300 家英国制造业企业开展实证研究，结果表明企业的外部技术获取与其他组织的合作都促进了创新，且对企业自身的研发活动产生了替代效应。其在后续的跟踪研究中，采用英国、德国以及爱尔兰企业的数据讨论企业的外部合作关系以及技术吸收的创新效应，结果再次验证了两者创新效应的显著性，且与内部 R&D 之间呈现替代关系，企业与外部合作程度越深这种替代关系越强。Cassiman 和 Veugelers（2006）以比利时 269 家制造业企业为样本验证了企业内部研发活动与外部知识获取之间的关系。研究结果表明，上述两者之间存在互补性关系，且互补强度受到企业决策环境等其他外部因素的影响。该项研究还测试了基础研究作为中介变量对内部与外部创新活动的互补性影响。考察以上研究对企业内部研发与外部合作的度量，前者一般用企业的 R&D 支出表示，而后者则一般用企业与大学等外部组织之间签订合作研发合同数或企业与外部组织合作的意愿量表。

在我国相关研究中，一般利用 R&D 投入替代内部研发，用产学合作项目数以及独立研发项目数考察产学合作程度（樊霞等，2013），或使用产学合作项目投入金额作为替代指标（原毅军等，2012），其他指标还包括合作资金占比、企业技术依存度等（徐盈之等，2010；吴玉鸣，2010；肖丁丁等，2013）。

要想更好地阐述产学合作与内部研发的关系还需从知识生产与积累角度，将两者置于统一框架。产学合作一方面为企业提供了外部知识，另一方面也挤占了企业有限的研发资源。我国的区域创新体系建设尚不够完善，政府、中介机构等对产学合作的政策引导与服务支撑尚处于发展阶段，产学合作与内部研发的协同机制仍在探索之中。基于此，本章提出以下假设二：产学合作知识存量对内部研发存在"挤出效应"。

第四节　计量模型与数据

基于以上理论分析和假说，本章将对产学合作的企业创新效应进行实证研究并讨论产学合作与企业内部研发之间的关系。

一、知识生产函数

Griliches（1986）构建知识生产函数模型研究企业知识资本对创新的影响。基于此，本章选择 Cobb-Douglas 生产函数形式，将企业内部研发知识存量、产学合作知识存量以及人力资本作为投入要素，企业的申请专利数作为产出要素建立知识生产函数：

$$Y = AR^{\alpha}L^{\beta}(UIC)^{\gamma}e^{\delta} \tag{6-1}$$

其中，i 表示地区，t 表示年份，δ 表示误差项，α、β、γ 分别表示内部研发 R、人力资本 L、产学合作 UIC 三类投入要素的产出弹性。

企业的产学合作与内部研发的关系存在多样性。一方面，在企业资金、人力投入一定的情况下，外部合作研发的增加会使内部研发减少，即产学合作存在"挤出效应"；另一方面，企业通过产学合作能够吸收与学习合作方提供的显性知识与隐性知识，这种知识扩散能够提升企业内部研发能力，产学合作存在"协同效应"。有鉴于此，本章尝试在模型中加入交互作用项以验证产学合作与企业内部研发之间的关系。

二、动态面板回归模型

考虑到在其他影响因素不变的情况下，前期专利会对本期专利产生影响，企业的专利申请是一个连续、动态的调整过程，具有一定的惯性特征和路径依赖，因此在静态面板模型中加入被解释变量的滞后项。具体模型如下：

$$\begin{aligned}\ln Y_{it} &= \alpha_1\ln Y_{it-1} + \alpha_2\ln Y_{it-2} + \beta_1\ln UIC_{it} + \beta_2\ln RD_{it} + \beta_3\ln L_{it}\\ &= \theta_1\ln FDI_{it} + \theta_2\ln SIZE_{it} + \theta_3\ln GOV_{it} + \eta_i + \delta_t + \delta_{it}\end{aligned} \tag{6-2}$$

其中，Y 表示企业的专利申请量或发明专利申请量；UIC、RD、L 分别表示产学合作知识存量、企业内部研发知识存量以及研发人员数，以上三者是知识生产函数的主要投入变量。FDI 为各地区外商直接投资占 GDP 的比重，表示区域的对外开放程度对企业专利创新的影响；$SIZE$ 为区域大中型企业的平均总资产，用于代表企业规模；GOV 为科技经费收入中来自政府部门的比重，表示政府对科技创新的支持；η_i 为不可观测的个体差异；δ_t 为时间差异；δ_{it} 为随机扰动项。为减少异方差，对所有变量进行对数变换。

由于本章采用了动态模型，引入被解释变量的滞后项作为自变量，导致解释变量与随机扰动项相关，带来内生性问题。在这种情况下面板模型的 OLS 估计结果不具有一致性。Bover 等（1995）提出，利用动态面板广义矩估计（GMM）方法来纠正这一问题。在实际估计时，估计量的标准差计算较为复杂且存在误差，本书使用 Windmeijer（2005）提出的方法对标准差进行调整。

三、数据来源与变量描述

本章的研究样本为 2005~2015 年我国 26 个省份的区域面板数据，数据来自《中国科技统计年鉴》《工业企业统计年鉴》《中国统计年鉴》。在选择变量时，采用专利产出作为创新产出的度量，创新投入采用企业的内部与外部知识资本，其他影响创新投入的变量还有企业规模，规模大的企业创新资源更丰富，但规模较小的企业创新模式相对更加灵活。政府支持也是影响企业创新产出的重要外部因素之一，本书选取科技经费收入中来自政府部分的比重作为衡量政府支持强度的指标。此外，各区域平均受教育水平是构成区域创新环境的重要指标，教育水平高的区域拥有更多高素质人才，能够促进企业创新。除了产学合作知识存量以外，外商直接投资技术溢出也是企业重要的外部知识来源之一，为了更好地衡量产学合作发挥的创新效应，我们将外商直接投资技术溢出作为控制变量。

实证模型中各变量的定义具体有以下六个：

（1）创新产出。本章选用各地区大中型企业的专利申请量作为创新产出衡量指标。虽然专利申请数并不能涵盖全部创新产出，且不同专利在实际经济价值等方面存在很大差别，不能反映创新结果的重要性，但由于专利数据的易得性使其仍是目前文献实证分析中使用最多的测度创新产出的指标。我国的专利包括发明、实用新型和外观设计三种，其中发明专利的审核更为严格，创新性也更强。在稳健性分析中本章选择发明专利申请量作为被解释变量进行建模。

（2）知识资本投入。我们借鉴 Hall 和 Mairesse（1995）等的研究，选取知识资本存量作为投入变量。企业能够利用的知识资本存量一方面来自内部研发，另一方面来自产学合作。

（3）企业规模。在国内外研究中最常使用的规模变量是企业的销售收入或总资产。本章选择后者作为控制变量。

（4）政府支持。政府支持会对企业创新产生影响，有研究认为政府支持能够起到激励作用，但也有研究讨论政府科技投入对企业自主研发投入的挤出效应。政府对企业创新的支持表现为直接与间接两种方式：直接方式为财政科技拨款，间接方式有担保、减免税、贴息与补助等。在区域层面上无法获得政府间接支持的数据，因此本章选择企业科技经费收入中政府资金所占比重替代政府支持。

（5）外商直接投资。发展中国家获取和利用技术知识的重要途径之一为外商直接投资。外商直接投资能够带来新技术，对国内创新活动提供动力，是影响企业创新产出的因素之一。本章选择外商直接投资占增加值的比重作为替代变量。

（6）受教育程度。由于研发知识存量依赖于研发经费投入，这些投入变量中通常包含了人员费等投入，再引入人力资本变量可能会引起变量自相关[1]。因此，本章在稳健性检验中利用受教育程度作为人力资本的替代变量对模型进行估计。受教育程度具体是指大中专人口所占比重，如表6-1、表6-2所示。

表6-1　变量的定义、含义与测度方法

变量	含义	测度方法
Y	企业的创新产出	企业专利申请数及发明专利申请数
UIC	产学合作知识存量	前文测算的产学合作知识存量，包括技术转让与合作研发
RD	内部研发知识存量	经测算得到的企业内部研发知识存量
L	研发人员数	企业的研发人员数
$SIZE$	企业平均规模	企业平均年总资产除以企业个数
FDI	外商直接投资	外商直接投资除以 GDP（按历年汇率中间价进行折算）
GOV	政府支持	科技活动经费中来自政府资金所占比重
EDU	受教育程度	6 岁以上人口中大专以上所占比重

---

[1]　肖利平等（2016）指出了该问题，其处理方式是在模型中不再纳入反映人力资本的变量，认为研发知识存量中已经包含了人力资本的因素。

表 6-2　变量描述性统计结果

变量	观测值	均值	标准差	最小值	最大值
专利申请量	286	8292	13550	211	87261
发明专利申请量	286	3232	6222	47	44390
产学合作知识存量（亿元）	286	8.7	8.98	0.20	52.78
内部研发知识存量（亿元）	286	415.10	608.30	2.82	3790.00
研发人员数（亿人）	286	8.17	10.68	0.33	57.12
外商直接投资（比值）	286	2.519	1.944	0.0700	8.190
企业规模（亿元）	286	11.43	6.485	3.490	46.19
政府支持（比值）	286	23.53	12.99	7.270	60.81
受教育程度（比值）	286	10.41	6.677	2.720	42.34

第五节　实证研究结果

一、基本结果

本章采用 Blundel 和 Bond（1998）提出的系统广义矩估计方法对模型进行参数估计。Roodman（2006）指出，系统 GMM 估计得到的因变量一阶滞后项系数介于 OLS 方法与固定效应模型之间。此外，为了判断模型是否存在过度识别，本书还对模型进行了 Sargan 检验。如果 Sargan 检验不拒绝原假设则认为工具变量有效。为了检验参数估计的有效性，本书进行了残差序列相关检验。表 6-3 的估计结果显示，各模型的 Sargan 检验 p 值均大于 0.05，AR（1）检验 p 值小于 0.05，但 AR（2）检验 p 值大于 0.05。

表 6-3　基准回归模型结果

变量	（1） OLS	（2） 固定效应模型	（3） 系统 GMM
ln（patent$_{t-1}$）	0.582***	0.333***	0.492***
	(0.090)	(0.087)	(0.124)

续表

变量	（1） OLS	（2） 固定效应模型	（3） 系统 GMM
ln（patent$_{t-2}$）	0.331***	0.184**	0.133
	(0.086)	(0.082)	(0.270)
ln（产学合作）	0.296*	0.517***	0.582*
	(0.168)	(0.177)	(0.325)
ln（rd）	0.097	0.514***	1.059**
	(0.151)	(0.175)	(0.486)
ln（personel）	0.133**	0.0506	0.024
	(0.053)	(0.096)	(0.306)
ln（产学合作）×ln（rd）	−0.0164	−0.0375***	−0.056*
	(0.011)	(0.013)	(0.031)
ln（fdi）	−0.0114	−0.0800*	0.022
	(0.023)	(0.040)	(0.275)
ln（size）	−0.0451	0.0117	−0.047
	(0.029)	(0.148)	(0.127)
ln（gov）	−0.0158	−0.173	0.042
	(0.027)	(0.132)	(0.276)
时间效应	Yes	Yes	Yes
个体效应	Yes	Yes	Yes
Sargan 检验	—	—	0.797
AR（1）	—	—	0.095
AR（2）	—	—	0.728

注：括号内为稳健标准误；*、**、***分别表示在10%、5%、1%水平上显著；Sargan 检验栏中是接受原假设的概率值；AR（1）与 AR（2）为序列相关性检验的概率值。各变量作为工具变量的起始滞后期固定不变，因变量滞后项以及内生变量的滞后期从 1 期开始。

表6-3 中结果显示，产学合作知识存量系数、内部研发知识存量系数、研发人员投入系数都显著为正，符合理论预期。产学合作知识存量与内部研发知识存量的交互项系数显著为负，说明产学合作存在"挤出效应"。在开放式创新背景下，企业充分利用外部研发资源，结合高校的研发优势开展创新活动，但可能减弱自身内部研发的动力，对外部力量产生依赖。产学合作是否能够对企业研发产

生积极作用，一方面与企业的吸收能力有关，另一方面也取决于高校方的知识扩散能力。只有充分发挥产学合作双方的优势，借力企业与高校在研发能力、研发类型上的互补，才能形成产学合作与内部研发之间的协同机制。

二、模型稳健性检验

本章建立四个模型对上述结论的稳健性进行分析：①替换因变量。根据前文分析，发明专利申请量是更加具有创新性的创新产出形式。如果模型对不同情境下的创新产出均存在前文结论，说明本章结论具有可信性。②替换自变量。本章基准模型中利用科技人员数作为人力资本投入。但事实上，内、外部研发支出中已经包括人员费，这可能与人员数这一变量造成一定的共线性。因此，本部分稳健性检验使用受教育程度来作为人力资本的代理指标。③缩短样本量。本章将2005~2007年数据剔除，获得新的样本重新进行检验。④减少工具变量。Roodman（2006）指出，有效的 GMM 估计结果应当在减少工具变量个数时保持相对稳定。因此本书利用减少工具变量后的模型作为稳健性检验之一。

稳健性检验结果如表6-4所示。由表6-4可知，模型中核心解释变量的系数估计值与符号都保持稳定，并且模型均能通过 Sargan 检验与序列自相关检验。因此，本章的研究结论具有稳健性。

表6-4　基准回归稳健性分析结果

变量	（1） 替换因变量	（2） 替换自变量	（3） 缩短样本量	（4） 减少工具变量
$\ln(y_{t-1})$	0.679***	0.512*	0.655***	0.490***
	(0.206)	(0.296)	(0.223)	(0.128)
$\ln(y_{t-2})$	−0.328	−0.0942	−0.0190	0.133
	(0.344)	(0.229)	(0.123)	(0.271)
$\ln$（产学合作）	0.602*	0.485**	1.052*	0.580*
	(0.357)	(0.233)	(0.541)	(0.332)
$\ln(rd)$	2.136**	0.820*	1.407**	1.068**
	(0.881)	(0.484)	(0.672)	(0.482)
$\ln(personel)$	0.675*	0.384	0.262	0.0170
	(0.370)	(0.282)	(0.312)	(0.305)

续表

变量	（1）替换因变量	（2）替换自变量	（3）缩短样本量	（4）减少工具变量
ln（产学合作）×ln（rd）	-0.0937**	-0.0489*	-0.0908**	-0.0549*
	(0.0384)	(0.0273)	(0.0387)	(0.0310)
ln（fdi）	-0.277	0.173	-0.0666	0.0157
	(0.206)	(0.401)	(0.0586)	(0.270)
ln（size）	0.244	-0.317**	0.0134	-0.0481
	(0.159)	(0.145)	(0.104)	(0.130)
ln（gov）	0.527**	-0.202	0.0972	0.0509
	(0.235)	(0.400)	(0.0787)	(0.273)
时间效应	Yes	Yes	Yes	Yes
个体效应	Yes	Yes	Yes	Yes
Sargan 检验	0.943	0.359	0.754	0.908
AR（1）	0.031	0.065	0.098	0.072
AR（2）	0.136	0.335	0.729	0.436

注：*、**、***分别表示在10%、5%、1%水平上显著，括号内为标准误。Sargan 检验栏中是接受原假设的概率值；AR（1）与 AR（2）为序列相关性检验的概率值。各变量作为工具变量的起始滞后期固定不变，因变量滞后项以及内生变量的滞后期从 1 期开始。

第六节 区域异质性分析

一、区域样本分组分析

由于全样本中各区域的经济发展程度、研发强度、产学合作程度有较大差异，基于全部样本区域的分析没有考虑区域异质性条件下产学合作知识存量对创新产出的不同影响，因此并不能充分说明产学合作对企业创新产出表现出的正向创新效应是其知识存量差异影响的直接结果。为了进一步考察产学合作知识存量在创新中发挥的作用以及异质性区域条件下产学合作知识存量与自主研发知识存量对创新产出影响的异同，本章将根据各区域的研发强度、产学合作深度将各区域进行划分，对不同区域分别进行研究讨论，从而进一步对本章理论假说进行验证。根据《科技活动统计公报》公布的各区域研发强度数据，将全部样本省市划分为高研发强度与低研发强度两组。由于划分组别后样本量减少，因此直接使用固定面板效应模型进行分析，结果如表6-5所示。

另外，各区域的产学合作深度在各区域间也有不同的表现。本章构建了区域产学合作深度指标进行测算，具体指标形式如下：

$$UIC_{intensity,i} = \frac{UIC_{stock,i}}{UIC_{stock,i} + INNER_{stock,i}} \tag{6-3}$$

其中，$UIC_{stock,i}$ 与 $INNER_{stock}$ 分别表示区域 i 的产学合作与自主研发知识存量。$UIC_{intensity,i}$ 表示区域 i 的产学合作深度。根据计算的产学合作深度对样本区域进行划分，得到高合作深度组与低合作深度组两组样本。表6-5 报告了两个组别的回归结果。

由表6-5 可知，高研发强度的区域产学合作的创新效应显著为正，这说明基于产学合作的协同创新发挥着积极作用。然而，研发强度低的区域产学合作与自主研发的创新效应都未能显现。对于后发地区，尚未形成依托企业、高校及其他服务机构的技术创新中心，协同创新无法发挥作用。产学合作深度较高的地区，产学合作的创新效应为正，自主研发的创新效应不显著，且产学合作与自主研发的交互项显著为负。这一结果说明产学合作对自主研发产生"挤出效应"，减弱了自主研发的创新效应。在产学合作强度较低的区域，产学合作与自主研发的创新效应都显著为正，且从系数来看，两者对创新产出的影响程度相当。

表6-5　区域异质性分析结果

变量	研发强度分组结果		产学合作深度分组结果	
	高研发强度	低研发强度	高深度	低深度
ln（y_{t-1}）	0.595 ***	0.436 ***	0.466 ***	0.794 ***
	(0.081)	(0.098)	(0.100)	(0.103)
ln（y_{t-2}）	0.229 ***	0.336 ***	0.543 ***	0.057
	(0.067)	(0.088)	(0.104)	(0.102)
ln（产学合作）	0.471 *	0.405	0.496 **	0.442 **
	(0.281)	(0.419)	(0.207)	(0.210)
ln（rd）	0.115	0.221	0.0743	0.441 *
	(0.202)	(0.293)	(0.270)	(0.237)

续表

变量	研发强度分组结果		产学合作深度分组结果	
	高研发强度	低研发强度	高深度	低深度
ln（personel）	0.216***	0.215**	0.192	0.093
	(0.081)	(0.089)	(0.140)	(0.081)
ln（产学合作）×ln（rd）	−0.023	−0.027	−0.030**	−0.029*
	(0.017)	(0.027)	(0.014)	(0.016)
ln（fdi）	0.047	−0.066*	0.0250	−0.109***
	(0.030)	(0.034)	(0.017)	(0.038)
ln（size）	−0.079*	−0.142***	−0.016	−0.012
	(0.047)	(0.048)	(0.039)	(0.045)
ln（gov）	−0.018	−0.161**	−0.083***	−0.024
	(0.029)	(0.074)	(0.025)	(0.045)

注：*、**、***分别表示在10%、5%、1%水平上显著，括号内为标准误。

区域异质分析的结果显示，研发强度是产学合作发挥作用的重要基础。事实上，已有文献从吸收能力角度对这一现象进行了解释。只有具备一定的吸收能力才能成功吸收、消化产学合作生产的异质性知识（Zahra and George，2002）。随着产学合作深度增强，其对企业自主研发的"挤出效应"开始显现。这说明现阶段我国产学合作与自主研发尚未形成非常有效的协同系统，产学异质性知识耦合在发挥活跃作用的同时可能挤占企业自主研发资源，或使企业产生外部知识依赖，降低其自主研发的积极性。

二、创新产出分位点分析

前文所使用的面板模型分析都只针对均值回归，对误差项不服从正态分布的模型而言，仅均值回归结果并不能解释全部规律，且会因不满足经典假设而得到有偏估计。为了能够更好地弥补传统均值回归的缺陷，同时获得不同区域创新产出水平下产学合作对创新产出的影响，本章对专利申请量的分布进行建模，利用Powell（2016）提出的工具变量面板分位回归模型（IVPQR）获得不同分位点上因变量与自变量之间的关系。回归结果如表6-6所示。

表 6-6 面板分位数模型结果

变量	未剔除极端值		
	Q = 0.25	Q = 0.5	Q = 0.65
ln（y_{t-1}）	0.712***	0.552***	0.772***
	(0.109)	(0.121)	(0.0399)
ln（y_{t-2}）	0.149	0.225**	0.0256
	(0.108)	(0.104)	(0.0373)
ln（产学合作）	0.752**	0.623***	0.358**
	(0.247)	(0.237)	(0.182)
ln（rd）	0.598***	0.444**	0.237**
	(0.192)	(0.206)	(0.0959)
ln（personel）	0.276***	0.257***	0.0277
	(0.030)	(0.041)	(0.0225)
ln（产学合作）×ln（rd）	-0.059***	-0.043**	-0.019*
	(0.0177)	(0.017)	(0.0116)
ln（fdi）	0.014	-0.018	-0.0335
	(0.012)	(0.024)	(0.0651)
ln（size）	0.016	0.041	-0.0461
	(0.076)	(0.0342)	(0.0484)
ln（gov）	-0.027	0.024	0.0655
	(0.046)	(0.026)	(0.0491)

注：*、**、***分别表示在 10%、5%、1%的水平上显著，括号内为标准误。

表 6-6 的结果表明，在所研究的各分位点上，产学合作的创新效应显著为正，验证了假设一，且产学合作与内部研发的交互项系数为负，反映产学合作的"挤出效应"，验证了假设二。由于在不同分位点进行回归时，将对该分位点周围的数据给予更高权重，本章通过对数据的分析，发现广东省的创新产出偏离其他省份较远。事实上，《中国区域创新能力评价报告 2016》中也专门提到，广东省的企业专利申请量占比明显高于其他地区，企业的创新主体地位明显优于其他地区[①]。因此高分位点处的分位回归结果可能受极端值影响较大，因此本章略去

① 中国科技发展战略研究小组、中国科学院大学中国创新创业管理研究中心. 中国区域创新能力评价报告 2016［M］. 北京：科学技术文献出版社，2016.

了更高分位点处的结果。

第七节　本章小结

　　产学合作作为区域创新系统中最活跃的一对关系，其积累的知识存量发挥着重要的创新效应。本章利用对产学合作知识存量系统测算的结果，将其与内部研发置于统一研究框架，考察两者的创新效应及互动关系。本章利用 2005～2015 年中国省际面板数据，建立系统 GMM 面板回归模型对产学合作的创新效应进行了实证分析。通过 OLS 估计、固定面板模型以及系统 GMM 估计，得到以下三点研究结论：一是产学合作对企业创新有显著正向影响；二是产学合作与内部研发交叉项的系数为负，反映了产学合作对内部研发存在一定的"挤出效应"；三是通过减少工具变量、替换因变量、替换自变量与缩短样本量的回归结果显示本章的实证分析结论具有稳健性。基于面板分位回归模型的实证结果揭示了不同创新产出水平下产学合作的创新效应大小，进一步验证了前文假设。

　　此外，本章还从区域研发强度、产学合作深度两个维度上开展异质性分析。结果表明研发强度高的区域产学合作创新效应表现更好。研发强度作为区域吸收能力的重要体现，是促进产学合作创新效应发挥的重要基础。随着产学合作深度增强，其对企业自主研发的"挤出效应"开始显现。这说明产学异质性知识耦合在发挥活跃作用的同时可能挤占企业自主研发资源，或使企业产生外部知识依赖，降低其自主研发的积极性。现阶段我国产学合作与自主研发尚未形成非常有效的协同系统，企业如何有效利用产学合作知识，进行外部知识管理是亟待解决的课题。

　　如何提高产学合作创新效率是实现创新驱动发展需解决的关键问题。在产学合作广度不断扩展与深度不断加强的背景下，如何真正有效地发挥产学合作的协同创新效应，并使之与企业内部研发形成有效互补是亟待研究的课题。研究发现，企业吸收能力是影响产学合作创新绩效的主导因素之一，企业的内部研发能力、外部知识学习能力需实现平衡。对于政府而言，搭建产学合作平台，完善技术交易市场并制定有助于区域创新系统知识流动的连接性政策是需关注的方向。

第七章　产学合作创新效应的机制分析

　　产学合作达成面临诸多因素影响，Bruneel 等（2010）将其总结为两类：一是"目标障碍"，即大学和企业的目标不同导致的分歧；二是"与交易相关的障碍"，具体是指知识产权争端以及高校的管理机制。然而，即使产学合作达成，企业创新绩效的受益程度还需受到其他因素调节。

　　部分研究者一直以来对企业的外部知识获取保持谨慎态度，他们致力于寻找最优的外部知识获取空间。Laursen 和 Salter（2006）考察了企业的知识搜索策略对创新绩效的影响，发现企业的外部知识搜索深度与广度与企业创新绩效之间都存在倒"U"形非线性关系。Grimpe 和 Kaiser（2010）在研究企业的 R&D 外包时发现，R&D 外包与企业创新绩效之间也存在倒"U"形特征。这一非线性特征受到企业自身研发活动以及 R&D 合作之间的调节。该研究将企业自身研发活动以及 R&D 合作作为工具变量讨论 R&D 外包的创新效应。Berchicci（2013）发现，随着企业对外部研发活动的依赖程度越强，对其创新绩效有倒"U"形影响，企业自身 R&D 能力对研发外部依赖的创新效应有显著的调节作用。

　　产学合作知识存量对创新绩效的提升作用表现出差异性，即开展产学合作的企业并不能同程度地提高自身的创新绩效，一些企业特征，例如，企业的吸收能力、创新政策等在其中发挥着重要的中介作用。这使产学合作与创新绩效之间的关系较为复杂，难以用线性关系刻画。

　　本章研究产学合作在影响技术创新绩效时面临的异质性吸收能力门槛约束以及创新政策的调节作用。具体内容安排如下：①基于不同性质吸收能力开展研究，把异质性吸收能力与产学合作知识溢出、技术创新绩效联系起来，置于统一框架进行分析。将吸收能力作为调节变量，考察其对产学合作创新绩效发挥的影响。②将创新政策区分为连接性政策、管理政策与规划政策，分别讨论三类政策对产学合作创新绩效的影响。

第一节 影响产学合作创新效应发挥的因素

一、企业吸收能力的调节作用

Rothwell（1992）指出，只有那些对外部知识有充分理解，且具有高科技水平的人力资源的企业，才能真正从外部知识中获益，该研究反映了企业吸收能力在影响企业对外部知识利用中的重要因素。

企业吸收能力的概念最早由学者在分析企业研发作用时提出（Cohen and Levinthal，1989）。他们指出企业吸收能力的核心是对外部新知识的价值识别与消化，并强调了企业研发作为先验知识资本在其中发挥的重要作用。Zahra 和 George（2002）区分了企业潜力与实现能力，认为企业吸收能力是一种动态能力，能够持续地从本质上影响企业的竞争力。异质性的吸收能力区分能够为研究者提供探索吸收能力给企业带来不同结果的可能。Narula（2004）在研究东道国对外商直接投资技术溢出吸收强度时发现，企业的吸收能力受到人力资本的影响。

根据吸收能力理论，即使企业面临的外部知识溢出环境是相同的，它们也不能从知识溢出中均衡受益，因为企业对知识溢出的识别和应用能力不同（Beaudry and Breschi，2003；Giuliani and Bell，2005）。由于吸收能力的差异，知识溢出的程度和效果在企业之间的分布不均衡，最终创新绩效也不一样。当前吸收能力与产出变量的研究中，主要集中于将吸收能力作为调节变量。

在考察产学合作创新效应的同时，越来越多的学者认识到企业吸收能力在其中发挥调节作用（Nieto and Quevedo，2005；Zahra and Hayton，2008）。Escribano 等（2009）构建了外部知识被企业吸收应用于创新的模型，发现潜在吸收能力越高，外部信息达到创新阶段的数量就越多，验证了合作研究受到企业潜在吸收能力的影响。樊霞等（2013）利用广东省省级企业技术中心的调查数据研究了企业研发投入水平是影响企业独立研发与合作研发的模式选择的因素之一，并且对内部研发与产学研合作互动关系有门槛效应。由于在吸收能力理论中，研发投入常被认为是企业的先验吸收能力，因此这一研究可以看作是创新研究领域中企业吸收能力门槛效应的初步探索。这一研究仅基于广东省企业技术中心的调查数据，还不能达到宏观分析的目的。此外，企业的研发投入仅是先验吸收能力，更多地具有潜在特征，可看作是吸收能力构成的一部分而非全景。

在宏观层面上考察企业吸收能力的度量，一些文献采用的代理变量有 R&D 强度、人力资源等。也有文献采用综合指标，从多维度考察吸收能力。如果将消化能力视为多维度变量，技术开发积累的知识是企业的先验知识存量，技术改造与技术消化吸收分别是企业对外部知识的消化吸收能力与改造能力，三者共同构成企业的消化能力。肖利平等（2015）在讨论我国各省份技术追赶速度时，认为该技术追赶速度与企业吸收能力有关，其对吸收能力的度量也来自国外技术经费支出、购买国内技术经费支出、消化吸收经费支出以及技术改造经费支出等指标。

产学合作本质上是企业与高校的异质性知识的耦合过程。因此不难理解，产学合作知识资本要被企业用于提高自身创新能力与创新绩效还需要经过吸收与内化。不同吸收能力的企业，产学合作对创新绩效的影响不同。一方面，知识吸收能力强的企业通过促进对外部知识的吸收，可以提高外部知识溢出对自身创新的弹性，促进创新绩效；另一方面，当企业缺乏知识吸收能力时，难以对外部知识消化、利用与再创新，可能陷入"合作—落后—再合作—再落后"的低水平循环。基于此，本书认为企业的吸收能力对产学合作的创新效应有显著的正向调节作用。

二、政府创新政策的调节作用

创新政策是一国或地区为推进科技创新活动而采取的一系列公共政策的总和。创新政策在世界各国已经得到广泛应用，我国也不例外。以 2006 年颁布的《国家中长期科学和技术发展规划纲要（2006—2020 年）》为例，其配套政策与实施细则多达 73 项，落实此政策的地方性政策有 170 余项。由于政策的主观性与复杂性，不同性质与内容的政策可能发挥不同的调节作用。产学合作是政策敏感度较高的一种开放式创新模式。合作的开展依赖于良好的创新环境、规范的技术交易市场、完善的知识产权保护法律法规以及主体间的有效连接，这些都离不开政府创新政策的引导。在一个知识积累和创新相互作用的内生增长经济中考察异质性创新政策对产学合作与创新产出关系的调节作用是重要的研究课题。什么样的创新政策能够破解发展迷局？这一问题成为创新驱动发展战略实施过程中无法回避的现实问题。

从具体内容分析，创新政策具有多种类型。由于本书关注对象为创新系统中的产学合作关系，因此将"连接性政策"分离出来，此外，还区分了科技管理政策与科技规划政策。具体地，本书将科技部发布的创新政策划分为三类：连接性政策、科技管理政策与科技规划政策。连接性政策是政府主管部门使用的，用以构建、维持或有意识助力不同机构（政府、企业、科研院所、高等学校、社会组织等）之间建立连接，从而使要素能多方向、多层次流动的一系列制度性安排。这类政策工具的最终目的是提升创新能力并推动经济增长。科技管理政策是指针对创新系统内部机构的管理条款，通常包含一些基础性规则、科研过程运作的规范或者公告通知等。科技规划政策是指科技规划政策面向的创新系统内部的创新过程，提出创新发展方向和计划，关注特定部门基础研究到产品转化的效率提高（王开阳等，2018）。一些学者致力于对不同内容科技政策进行数量形态分析，他们通过文本挖掘的方法获取了连接性政策、科技管理政策与科技规划政策的数量，为本书对各类政策力度的衡量提供了数据基础。

然而创新政策的效果难以简单判断，一方面，理论上政策发挥效果难以预估，例如，本身用以规范创新主体的创新管理政策，可能反而会降低主体创新的积极性，使其减少创新投入；还有一些政策对于创新主体而言无法很好地把握其意图与走向，这种不确定性同样可能会降低创新投入。另一方面，实证研究中对创新政策衡量存在难度，同时政策类型较多，不同政策对创新的影响效果也需要进行清晰的梳理与实证检验。正是由于这种多变性，创新政策对产学合作创新效应的调节将很难用线性关系刻画，因此本书假设创新政策对产学合作创新效应存在显著非线性调节作用。

已有文献追踪到重视机构协同的组合式创新政策的增长。Liu 等（2011）分析，改革开放之后我国数个以中共中央、国务院名义颁布的高级别政策文献都强调我国科技创新要以企业为主体以及要进行多机构协同。李敏等（2018）发现，我国科协政策体系结构呈现从"单项"到"组合"方式的转变，不同类型文件之间的关联与协同愈加密切。彭纪生等（2008）构建了政策量化标准具体的操作手册，他们以我国技术创新政策为案例，分析得到我国技术创新政策正在逐渐转向综合利用各种政策措施的阶段。

连接性政策、政策协同在创新政策制定中已成为不可忽视的类别，从政策主观性上，其有助于协同创新网络创新效应的发挥，但尚缺乏实证研究的验证。

第二节　研究设计

考虑到吸收能力对产学合作创新绩效的转换效应的非线性假设，本书尝试采用面板平滑转换回归（Panel Smooth Transition Regression，PSTR）模型，在非线性框架下对吸收能力与产学合作创新绩效之间的关系开展深入研究。

一、基本模型设定与参数估计

此前文献中考察门槛效应多使用门限回归模型（Hansen，1999），但门限回归将门槛变量划分为几个固定区间，无法完全刻画整个非线性转换过程（在门槛的两边仍然是线性关系）。平滑转换回归在这一点上进行了优化，它能够将基于转换变量的转换过程展现为一个连续过程，从而为相关研究提供更多信息。González 等（2005）研究了面板数据的平滑转换回归方法，讨论了针对面板数据的参数估计、假设检验过程。当前 PSTR 已成为面板数据中检验变量之间非线性关系有效的计量技术。

与面板门限回归模型相比，PSTR 一方面可以更好地捕捉面板数据的截面异质性，能够有效克服内生性所导致的参数估计量偏误问题；另一方面允许该系数随中介变量做平滑的非线性转变。

PSTR 模型的基本定义如下：

$$Y_{it} = \mu_i + \lambda_t + \beta_0 X_{it} + \beta_1 X_{it} g(q_{it}; \gamma, c) + \beta_3 Z_{it} + \delta_{it} \tag{7-1}$$

其中，$i=1$，$\cdots$，N 表示省份，$t=1$，$\cdots$，T 表示年份。μ_i 与 λ_t 分别表示个体效应与时间效应。Y 表示被解释变量向量，X 表示可能与被解释变量存在非线性关系的变系数解释变量矩阵，其估计系数由线性部分 β_0 和非线性部分 β_1 共同构成。Z 表示控制变量矩阵。$g(q_{it}; \gamma, c)$ 为转换函数，其为中介变量 q_{it} 的函数，该转换函数被标准化为取值在 $[0, 1]$。c 是一个转换函数的位置参数向量，γ 为平滑参数，决定转换函数的转换速度。β_0 和 $\beta_0 + \beta_1$ 分别代表转换函数 $g(q_{it}; \gamma, c)$ 取值为 0 与 1 时的系数值。

本章借鉴 Teräsvirta 等（2010）的研究，将转换函数定义为逻辑函数形式：

$$g(q_{it}; \gamma, c) = (1 + \exp(-\gamma \prod_{j=1}^{m}(q_{it} - c_j)))^{-1} \tag{7-2}$$

其中，$\gamma>0$，$c=(c_1, \cdots, c_m)$ 且 $c_1<\cdots<c_m$，m 代表转换函数位置参数的维度。若 $m=1$，则转换函数为 $[0, 1]$ 之间的单调函数；当 $m\geq2$，转换函数为非单调的对称函数。

为了估计模型（7-1）中的参数，首先需要通过差分法消除个体效应，其次结合线性最小二乘估计方法进行估计。转换函数的斜率系数与位置参数可利用网格搜索算法或模拟退火算法获得（González et al.，2005）。

具体地，在给定 γ 和 c 之后，对模型关于时间求均值得到：

$$\bar{y}_i=\bar{\mu}_i+\beta_0^T\bar{x}_i+\beta_1^T\bar{x}_i\bar{g}_{it}+\alpha\bar{z}_i+\bar{\delta}_i \qquad (7-3)$$

再与原模型进行差分，对差分后模型利用线性最小二乘法估计参数。在得到此步骤的参数值后，利用非线性最小二乘法估计 γ 和 c，如此迭代两步骤，直至参数收敛。

二、模型非线性检验

为了检验是否存在非线性机制的转换效应，González 等（2005）提出了假设检验过程。该检验的原假设为：$H_0: \gamma=0$。拒绝原假设时认为采用非线性模型是恰当的。利用 González 等（2005）的方法，对转换函数 $g(q_{it}; \gamma, c)$ 在 $\gamma=0$ 处进行一阶泰勒展开，从而构造出辅助回归方程：

$$Y_{it}=\mu_i+\beta_0^*X_{it}+\beta_1^*X_{it}q_{it}+\cdots+\beta_m^*X_{it}q_{it}^m+\alpha^*Z_{it}+u_{it}^* \qquad (7-4)$$

具体利用固定效应模型与模型（7-4）的残差平方和（SSR_0 与 SSR_1）来构造分别服从 χ^2 分布以及 F 分布的 LM 检验统计量。

$$LM_{\chi^2}=\frac{TN(SSR_0-SSR_1)}{SSR_0}$$

$$LM_F=\frac{(SSR_0-SSR_1)/mk}{SSR_0/[TN-N-m(k+1)]} \qquad (7-5)$$

其中，k 为具有非线性系数的协变量的个数。

三、剩余机制检验

如果检验结果为拒绝原假设，那么说明存在非线性转换机制。再组织原假设为 $H_0: \beta_1=\beta_2=\beta_3=0$ 的假设检验来验证模型中转换函数位置参数的维数（通常从 $m=3$ 开始进行验证，如果拒绝原假设则进一步验证 $H_0: \beta_1=0 \mid \beta_2=\beta_3=0$ 与

H_0：$\beta_2 = 0 \mid \beta_3 = 0$），直至确定合理的转换函数个数。

第三节　企业吸收能力的调节作用

一、变量与描述性统计

（一）数据来源

本章的数据主要包括各种研发投入和产出数据，来自历年《中国科技统计年鉴》和《工业企业科技活动统计资料》。样本范围为各省份大中型工业企业。本章面板回归最终包含 2005~2015 年的数据，覆盖了全国 26 个省份[①]的大中型工业企业。

（二）变量选择

表 7-1 列出了本章涉及的各个变量及其测度方法的具体说明与描述性统计结果。在选择变量时，本书利用专利产出作为创新产出的度量指标。在创新投入方面，考虑企业内部研发、产学合作两类创新模式下的投入，并从知识存量角度分别对其进行度量。吸收能力不同的企业对外部知识的利用率不同，吸收能力强的企业能够更好地将外部知识进行消化及改造，从而对自身创新产出产生积极作用。本书将企业的吸收能力区分为三类：先验知识积累、消化吸收能力以及技术改造能力。此外，各区域平均受教育水平是构成区域创新环境的重要指标，教育水平高的区域拥有更多高素质人才，能够促进企业创新。除了产学合作知识存量以外，外商直接投资技术溢出也是企业重要的外部知识来源之一，为了更好地衡量产学合作发挥的创新效应，我们将外商直接投资技术溢出作为控制变量。

表 7-1　变量说明与描述性统计

变量名称	均值	标准差	最小值	最大值
专利申请数（件）	8292.00	13550.00	211.00	87261.00
产学合作知识存量（亿元）	8.75	9.03	0.19	53.06
内部研发知识存量（亿元）	457.40	621.40	9.94	3820.00

---

① 　西藏、重庆、青海、宁夏与海南五个省份的产学合作数据有缺失，因此在计算产学合作存量中时剔除。

续表

变量名称	均值	标准差	最小值	最大值
技术消化资本存量（亿元）	21.66	27.00	0.06	193.30
技术改造资本存量（亿元）	649.70	488.90	79.59	2810.00
外商直接投资（%）	2.52	1.94	0.07	8.19
企业规模（%）	11.43	6.49	3.49	46.19
受教育程度（%）	10.41	6.68	2.72	42.34

具体的变量选取与测度说明主要有以下六个：

（1）创新产出变量。度量创新产出最常见的指标有专利申请量、新产品产值、新产品销售收入等。专利申请数或授权数的数据获取容易，且能够很好地反映技术创新情况。然而新产品销售收入和新产品产值两个指标与市场供求关系密切相关，容易受价格的影响，并不是单纯反映技术创新。因此本章选择专利申请数作为创新产出绩效的替代指标。

（2）知识资本度量。本章关注企业的内部研发、产学合作两类知识存量。

（3）吸收能力的度量。企业吸收能力的度量尚未有统一标准。从前文的文献回顾中可知，吸收能力由先验知识积累以及动态的知识消化吸收两部分决定。企业的先验知识可用企业的内部研发知识存量衡量。企业的 R&D 活动具有两面性——溢出性与吸收性。企业消化吸收投入越多，就越能更好地学习和掌握外部知识，这是吸收能力的另一方面。此外，要做到实质性吸收，还需要对外部技术进行改造（知识进行同化），使其能够为本企业所用。与物质资本类似，企业在消化、改造技术方面的知识的增长也是一个积累过程。当期的技术投入可能对当期及以后更长时期的技术产出产生影响。因此本章同样基于技术消化吸收经费支出①、技术改造经费支出②进行了存量测算。综上所述，企业的吸收能力有异质

---

① 引进技术的消化吸收经费支出指对引进技术的掌握、应用、复制而开展的工作，以及在此基础上的创新。引进技术的消化吸收经费支出包括：人员培训费，测绘费，参加消化吸收人员的工资，工装，工艺开发费，必备的配套设备费，翻版费等。消化吸收经费支出中属于科技活动的经费支出，除包含在本项之外，还要计入企业科技活动经费支出中。因此，消化吸收技术资本存量与企业内部研发知识存量可能存在重叠部分，由于没有更细致的数据，我们无法将重叠部分剥离出来。但由于消化吸收技术资本存量仅作为门槛变量发挥中介作用，并未与内部研发知识存量同时作为协变量，因此不会带来共线性问题，仅对两种吸收能力产生一定程度的混杂。

② 技术改造经费支出指本企业在报告年度进行技术改造而发生的费用支出。技术改造指企业在坚持科技进步的前提下，将科技成果应用于生产的各个领域（产品、设备、工艺等），用先进技术改造落后技术，用先进工艺代替落后工艺、设备，实现以内涵为主的扩大再生产，从而提高产品质量、促进产品更新换代、节约能源、降低消耗，全面提高综合经济效益。

性，可按搜索、吸收与同化分为三个层次，并分别用内部研发知识存量、技术消化以及技术改造三部分衡量。

（4）价格指数。本章的企业产学合作、内部研发知识资本投资所使用的各变量都是名义变量。在存量测算时，要先剔除名义变量的价格效应，将其平减为实际值才能利用永续盘存法。由于目前还没有专门针对研发支出的价格指数，但从研发支出的构成来看，涉及研发人员薪酬以及固定资产支出两部分构成。因此，本章在对名义变量进行价格平减时参考朱平芳等（2003）的方法，将各省份的居民消费价格指数和固定资产投资指数以 0.55 和 0.45 的权重加权平均，得到各省份的研发支出价格指数（以 2010 年为基期）。本章协变量中涉及的知识存量以及技术消化、改造资本存量均为实际值。

（5）人力资本度量。由于研发知识存量依赖于研发经费投入数据，这些投入变量中通常包含了人员费等投入，因此再引入人力资本变量可能会引起变量自相关[①]。因此本章利用受教育程度作为人力资本的替代变量对模型进行估计。受教育程度具体是指大中专人口所占比重。

（6）控制变量。本书考虑了外商直接投资占 GDP 比重（按历年汇率中间价进行折算）、企业规模两个指标作为控制变量。

二、基准回归模型与结果

根据前文所述，在开放式创新框架下，企业的吸收能力通过影响产学合作效果来影响创新绩效。而企业创新绩效的提高通过企业内部研发知识存量积累、产学合作知识存量积累来实现。考虑到创新活动并非一蹴而就，产学合作研发的研发项目通常是技术尖端，研发所需时间与成果转化较慢。同时考虑到减轻内生性问题，所有解释变量与控制变量均采用滞后四期的做法。关于滞后期数的选择，Pakes 等（1980）的研究认为，R&D 投入与产出之间的滞后期为 5 年，但各国的科技发展环境不同，这一经验数据在中国未必适用。朱平芳（2005）专门对上海市大中型工业企业专利产出的滞后机制进行了研究。其研究发现科技活动内部支出与专利产出的滞后机制表现为一个 2~6 期的滞后结构，同时在第 4 期时科技活动经费内部支出的专利产出贡献最大，这对我国研发投入与产出滞后期的确定有一定参考价值。李平（2007）通过 BIC 法则选择了滞后五期的模型来讨论研发资

---

① 肖利平等（2016）指出了该问题，其处理方式是在模型中不再纳入反映人力资本的变量。

本对专利申请量的影响。金怀玉等（2013）利用 1978～2010 年全国数据，建立知识生产函数模型，对不同滞后项的模型进行拟合并考察其拟合优度得到滞后 4 期的模型拟合优度最高。基于前人经验，结合本章数据，在滞后四期时各变量的解释力最强。因此，本章构造如下基准模型来考察这一过程：

$$PAT_{it} = \mu_i + \lambda_t + \alpha_1 RD_{i,t-4} + \alpha_2 UIC_{i,t-4} + \alpha_3 Z_{i,t-4} + u_{it}$$

$$PAT_{it} = \mu_i + \lambda_t + \beta_1 RD_{i,t-4} + \beta_2 UIC_{i,t-4} + \beta_3 ABS_{i,t-4} + \beta_4 Z_{i,t-4} + v_{it}$$

$$PAT_{it} = \mu_i + \lambda_t + \psi_1 RD_{i,t-4} + \psi_2 UIC_{i,t-4} + \psi_3 TRA_{i,t-4} + \psi_4 Z_{i,t-4} + \delta_{it} \qquad (7-6)$$

其中，PAT 为企业的专利申请数，RD 表示内部研发知识存量（也是企业先验知识存量），UIC 表示产学合作知识存量，ABS 与 TRA 分别表示技术消化与改造资本存量，Z 表示其他控制变量，其中包括三类吸收能力与产学合作的交互项。

表 7-2 中给出了专利创新的回归结果。在各模型中，企业内部研发知识存量的系数一直显著为正，说明内部研发是当前我国大中型企业创新产出增长的源泉。与此同时，基准回归结果验证了产学合作对企业创新产出存在显著正向影响的假说。产学合作的系数也始终显著为正，说明在开放式创新背景下，产学合作已成为不可忽视的提高企业创新产出的研发形式。随着产学合作领域的不断扩展以及合作方式与绩效的改进，相关知识存量的不断积累，这种新的模式将会更好地服务于企业。控制变量中受教育程度都显著为正，说明人力资本对我国大中型企业的创新产出有积极正向影响。同时，外商直接投资的系数也显著为正，说明外商直接投资知识溢出也促进了大中型企业的专利产出。企业规模虽不显著，但从其符号来看，企业规模扩大会减少创新产出。这可能是因为规模较小的企业开展创新活动更加灵活。

表 7-2 企业吸收能力作为自变量的基准回归结果

变量	模型（1）	模型（2）	模型（3）	模型（4）	模型（5）	模型（6）
ln 产学合作	0.104*	0.549**	0.514**	0.592***	0.491**	0.109
	(0.057)	(0.211)	(0.213)	(0.223)	(0.208)	(0.543)
lnrd	0.473***	0.480**	0.440**	0.639**	0.437**	0.545**
	(0.080)	(0.187)	(0.190)	(0.256)	(0.183)	(0.232)
ln（产学合作）×lnrd	—	-0.040**	-0.037**	-0.057**	-0.040**	-0.0535**
		(0.016)	(0.016)	(0.024)	(0.016)	(0.024)

续表

变量	模型 (1)	模型 (2)	模型 (3)	模型 (4)	模型 (5)	模型 (6)
lnfdi	0.204***	0.122**	0.126**	0.124**	0.129***	0.122**
	(0.046)	(0.049)	(0.049)	(0.049)	(0.048)	(0.049)
lnsize	−0.439***	−0.178	−0.186	−0.207	−0.174	−0.180
	(0.138)	(0.161)	(0.161)	(0.162)	(0.158)	(0.158)
lnedu	0.215**	0.288***	0.283***	0.302***	0.260**	0.261**
	(0.101)	(0.103)	(0.103)	(0.104)	(0.102)	(0.102)
lnabs	—	—	0.029	−0.159	—	—
			(0.025)	(0.165)		
ln（产学合作）×lnabs	—	—	—	0.018	—	—
				(0.016)		
lntra	—	—	—	—	0.238***	−0.158
					(0.089)	(0.528)
ln（产学合作）×lntra	—	—	—	—	—	0.039
						(0.052)
Constant	0.920	1.211	1.352	0.658	−1.287	3.024
	(1.049)	(2.417)	(2.418)	(2.489)	(2.545)	(6.203)
R-squared	0.832	0.869	0.870	0.871	0.875	0.876

注：括号内为相应的标准差；*、**、***分别表示在10%、5%、1%水平上显著。

　　根据前文的分析，企业的内部研发知识存量具有两面性：一方面是重要的创新投入，另一方面也构成企业的先验吸收能力，促进企业对外部知识的利用。因此内部研发知识存量将依从以上两条路径提高创新产出。比较模型（1）与模型（2）可以得到这一结论，模型（2）在模型（1）的基础上加入内部研发与产学合作的交互项后，产学合作的创新效应大幅度提高。而技术消化吸收资本与技术改造资本仅依靠提高企业对外部知识的吸收能力，促进产学合作的创新效应进而增加企业创新产出。

　　通过比较模型（3）与模型（2）可以发现，仅纳入技术消化吸收资本存量以后，产学合作变量的系数从0.549下降到0.514，内部研发知识存量的系数从0.480下降到0.440，且技术消化吸收资本存量的系数不显著，说明该资本存量对专利创新没有显著的直接作用。模型（5）中技术改造资本存量的系数显著为正，与产学合作与内部研发知识系数相比较小，说明技术改造在一定程度上对专利产出有正向影响，但影响较小。这可能是因为直接将技术改造资本与消化吸收技术资本纳入回归方程中所得结果反映的是两者对创新产出的直接影响。消化吸收的链条较长，是对外部知识的内化，并在其基础上有所提高与创新，这一过程的不确定性更强，并非直接以提高创新产出为目的。而技术改造的目的在于提高生产率，目的性更强。在发挥直接作用的同时，两者都对外部知识的内化起到重要作用，即影响着外部知识溢出效应的发挥。本章主要关注吸收能力通过产学合作对创新产出的调节作用。

模型（4）在模型（3）的基础上纳入产学合作知识存量与技术消化吸收资本的交互项，此时产学合作的系数从模型（2）中的 0.549 上升到 0.592，说明吸收能力显著提高了产学合作的创新效应。模型（5）与模型（6）是检验技术改造资本代表的吸收能力对专利创新产出及产学合作创新效应的影响。模型（6）在模型（5）的基础上纳入技术改造与产学合作的交叉项，这使产学合作创新效应不再显著。仅从模型（5）与模型（6）的比较中可看出以技术改造为代表的吸收能力削弱了产学合作的创新效应。由于基准模型中的交叉项只能反映两者的线性趋势关系，而如果两者之间存在的是更为复杂的非线性关系时，从基准模型推演的结论就存在偏误。

三、面板平滑转换模型结果

吸收能力有多种理解与测度，有较强的异质性。本章以先验知识存量、消化吸收资本存量与技术改造资本存量来度量吸收能力，利用 PSTR 模型依次检验产学合作影响创新产出的吸收能力非线性门槛效应。本章构建的 PSTR 模型有如下具体形式：

$$PAT_{it} = \mu_i + \lambda_t + \eta_1 RD_{i,t-4} + \eta_2 UIC_{i,t-4} g(ABS_{i,t-4}; \gamma, c) + \eta_3 Z_{i,t-4} + u_{it}$$

$$PAT_{it} = \mu_i + \lambda_t + \theta_1 RD_{i,t-4} + \theta_2 UIC_{i,t-4} g(REF_{i,t-4}; \gamma, c) + \theta_3 Z_{i,t-4} + v_{it}$$

$$PAT_{it} = \mu_i + \lambda_t + \phi_1 RD_{i,t-4} + \phi_2 UIC_{i,t-4} g(RD_{i,t-4}; \gamma, c) + \phi_3 Z_{i,t-4} + \delta_{it} \tag{7-7}$$

面板非线性平滑转换模型及检验结果在表 7-3、表 7-4、表 7-5 以及图 7-1 中列示。

对产学合作知识存量创新效应是否存在非线性特征进行检验（见表 7-3）。为了保证检验结果的可靠性，我们分别采用了卡方统计量与 F 统计量。结果发现，LM_{χ^2} 与 LM_F 统计量显著拒绝了线性关系的假设，说明在消化吸收资本、技术改造资本的中介作用下，产学合作知识存量与创新产出之间存在显著的非线性关系，但在先验知识发挥调节作用时非线性关系不显著。

表 7-3　企业吸收能力线性检验

转换变量	$m=2$；$\beta_1=\beta_2=0$	
	LM_{χ^2}	LM_F
消化吸收资本	7.652** (0.022)	3.132** (0.047)
技术改造资本	8.247** (0.016)	3.376** (0.037)
先验知识	4.307 (0.116)	1.763 (0.175)

注：＊＊表示在5%的水平上显著；括号内为相应的标准差。

进一步地，为了确定转换函数个数，我们进行了"剩余非线性检验"（见表7-4），仍需计算 LM_{χ^2} 与 LM_F 检验统计量的统计值与相应的 p 值。此时需对每个调节变量做两次假设检验。结果显示，消化吸收资本与技术改造资本作为调节变量时，都拒绝假设检验一［按模型（7-1）的表示，即有 $H_0: \beta_1=0 \mid \beta_2=0$］，但接受假设检验二［按模型（7-1）的表示，即有 $H_0: \beta_2=0$］，说明这两个模型中都仅存在一个转换函数。当先验知识存量作为调节变量时，对于检验一与检验二都接受原假设，说明该模型不存在转换函数，采用线性模型才是恰当的。这说明，先验知识吸收能力对产学合作创新效应的调节作用并不明显，更多的是直接与产学合作存在替代关系。

表 7-4　企业吸收能力剩余非线性检验结果

转换变量	原假设	$m=2$	
		LM_{χ^2}	LM_F
消化吸收资本	$H_0: \beta_1=0 \mid \beta_2=0$	5.369** (0.021)	4.425** (0.037)
	$H_0: \beta_2=0$	2.352 (0.125)	1.926 (0.167)

转换变量	原假设	$m=2$	
		LM_{χ^2}	LM_F
技术改造资本	$H_0: \beta_1 = 0 \mid \beta_2 = 0$	6.084** (0.014)	5.014** (0.027)
	$H_0: \beta_2 = 0$	2.237 (0.135)	1.832 (0.178)
先验知识	$H_0: \beta_1 = 0 \mid \beta_2 = 0$	2.171 (0.141)	1.790 (0.183)
	$H_0: \beta_2 = 0$	2.162 (0.142)	1.77 (0.185)

注：** 表示在 5% 的水平上显著；括号内为相应的标准差。

表 7-5 报告了非线性平滑转换模型的回归结果。消化吸收资本作为调节变量时，产学合作知识存量在线性部分与非线性部分系数都显著，且经过吸收能力的调节作用，产学合作的创新效应从 0.200 转换到 0.230，说明在不同程度的吸收能力下，产学合作知识存量发挥的作用不同，且吸收能力越强，产学合作知识存量的创新效应越强。这一结论与基准模型的结论保持一致。

表 7-5　企业吸收能力调节作用面板平滑转换模型结果

	变量	转换变量	
		消化吸收资本	技术改造资本
线性部分估计①	ln 产学合作	0.200** (0.083)	0.087 (0.150)
	lnrd	0.360* (0.183)	0.369** (0.120)
	lnsize	0.391 (0.222)	0.438 (0.224)
	lnfdi	0.223** (0.072)	0.229** (0.071)
	lnedu	0.108 (0.103)	0.119 (0.102)
纳入非线性部分后估计	ln 产学合作	0.230** (0.117)	0.267** (0.126)

① 此处虽然两个模型的线性部分模型形式相同，但由于在参数估计时采用的是与非线性部分系数以及转换函数参数迭代收敛的方法，因此两模型线性部分估计值不同。

续表

变量	转换变量	
	消化吸收资本	技术改造资本

	变量	消化吸收资本	技术改造资本
转换函数参数估计	γ	0.631 (1.383)	0.508 (0.325)
	c	11.4 (4.292)	15.3 (0.311)

注：＊、＊＊分别表示在10%、5%的水平上显著；括号内为相应的标准差。

值得注意的是，技术改造资本作为调节变量时，线性部分产学合作的系数并不显著，说明在技术改造资本存量代表的吸收能力较弱时，产学合作对创新产出的影响不显著。在经过非线性平滑转换后，产学合作变量的系数增大到0.267，且在0.05的显著水平上显著，说明随着技术改造吸收能力的增强，企业能够更好地利用产学合作带来的外部知识，进而提高企业的创新产出。这一结论更好地解释了基准模型［模型（5）］中，纳入技术改造资本与产学合作交互项后，产学合作的系数不显著的结果。说明产学合作受到吸收能力的非线性调节，线性趋势无法很好地表达吸收能力对产学合作创新效应的调节作用。

为了更形象地反映吸收能力、产学合作与创新产出之间的变化关系，本章还给出了三者的三维关系图（见图7-1）。左侧y轴为技术消化吸收资本，右侧y轴

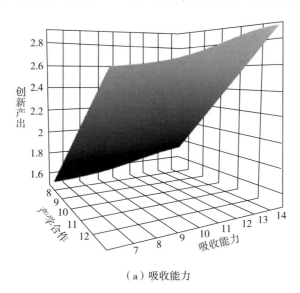

（a）吸收能力

图7-1　（a）（b）吸收能力、产学合作与创新产出的数值变化

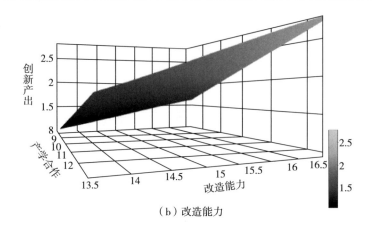

（b）改造能力

图 7-1 （a）（b）吸收能力、产学合作与创新产出的数值变化（续图）

为技术改造资本，x 轴均为产学合作知识资本存量，z 轴为创新产出。从图中可以直观看到，由于吸收能力的非线性调节作用，三者关系形成曲面。

第四节 创新政策的调节作用

一、变量与描述性统计

本章首先构建基准模型，考察创新政策对创新产出的直接作用。在基准模型中，采用产学合作强度作为因变量，产学合作强度采用流量指标构建。自变量选取中，我们用内部研发投入强度衡量内部研发投入对产学合作强度的影响，具体指标采用"企业内部研发经费投入"这一流量指标。其他自变量还包括创新政策力度，本书将创新政策区分为连接性政策、科技规划政策与科技管理政策三类，并测算了各类政策的政策力度。进一步地，本章还构建了面板平滑转换模型衡量创新政策的调节作用。在这一模型中，因变量为企业创新产出，用专利申请量度量，自变量为产学合作知识存量、内部研发知识存量。

（1）产学合作强度。企业获取外部知识一般通过购买与合作（Buying and Cooperating）两种方式。本章考察的产学合作投入指高校技术转移以及企业与高校合作研发两种合作方式的投入，具体使用的指标为"高校对企业的技术转移合同收入"与"企业对高校的研发经费支出"之和占区域研发活动支出的比重代替。

（2）创新政策力度变量。本章对创新政策力度的度量直接采用创新政策的多维度数量统计，认为某一维度出台的政策数量越多，政策效用就越强（刘凤朝，2007）。由于政策产生的影响有滞后性与累积性，当年颁布的政策的效应要滞后体现，且当年的政策力度包括截止时点尚在五年期内的政策文本数量之和。据此，本章对量化后的数据进行处理，利用式（7-8）对每一年度内相关政策进行累计，计算出自2005年以来各类创新政策的年度数值。

$$CumIPG_{jt} = \sum_{i=0}^{4} IPG_{j(t-i)} \tag{7-8}$$

其中，IPG_{jt} 表示第 t 年颁布的第 j 类创新政策的数量；$CumIPG_{jt}$ 表示第 t 年第 j 类创新政策力度。

（3）内部研发投入强度。内部研发投入与产学合作投入之间存在较强的关联，是影响产学合作强度的重要因素之一。内部研发强度用企业研发经费支出占区域研发经费比重代表。本章基准模型将内部研发投入作为控制变量。

（4）其他控制变量。本章选择外商直接投资占增加值的比重（按历年汇率中间价进行折算）、大中专毕业生占6岁以上人口比重以及企业科技经费支出中政府资金所占比重作为控制变量。表7-6中展示了描述性统计结果。

表7-6　描述性统计结果

变量	均值	标准差	最小值	最大值
专利申请量（件）	8292	13550	211	87261
产学合作强度	0.014	0.013	0.002	0.098
内部研发强度	0.574	0.157	0.104	0.832
连接性政策（项）	70.550	5.784	56	77
规划政策（项）	40.270	4.121	32	46
管理政策（项）	64.910	29.780	23	104
科技中介类政策（项）	29.450	3.532	22	35
交流平台类政策（项）	37.360	2.350	31	40
财税金融类政策（项）	3.727	1.137	2	6

续表

变量	均值	标准差	最小值	最大值
外商直接投资	2.519	1.944	0.070	8.190
政府支持	23.530	12.990	7.270	60.810
受教育程度	10.410	6.677	2.720	42.340

二、基准回归模型与结果

本章利用面板模型作为基准模型来研究创新政策对产学合作投入的影响。由于不同类型的创新政策对产学合作投入的影响机制存在差异，将创新政策工具分为连接性政策、科技管理政策以及科技规划政策三类。考虑到我国地区经济发展差异较大，经济资源禀赋条件、对外贸易水平等对区域产学合作投入有很大影响。因此，将这些因素作为控制变量纳入模型中。我国各地区的产学合作投入函数形式设定为：

$$\ln UICpercent_{it} = \alpha + \beta_1 CumIPG_{1,t-3} + \beta_2 CumIPG_{2,t-3} + \beta_3 CumIPG_{3,t-3} +$$
$$\beta_4 \ln RDpercent_{it} + \beta_5 \ln EDU_{it} + \beta_6 \ln FDI_{it} + \beta_7 \ln GOV_{it} +$$
$$u_i + v_t + \delta_{it} \tag{7-9}$$

其中，i 表示不同地区，t 表示不同的年份。产学合作投入强度用 $UICpercent_{it}$ 表示，$CumIPG_{1,t}$、$CumIPG_{2,t}$ 与 $CumIPG_{3,t}$ 分别表示连接性政策、科技规划政策以及科技管理政策力度。企业内部研发投入强度为 $RDpercent_{it}$，FDI_{it} 表示外商直接投资额占 GDP 的比重。

进一步地，将连接性政策划分为科技中介（$Link_1$）、交流平台（$Link_2$）与财税金融（$Link_3$）三类，更详细地判断具体连接性政策的作用。

$$\ln UICpercent_{it} = \alpha + \gamma_1 Link_{1,t-3} + \gamma_2 Link_{2,t-3} + \gamma_3 Link_{3,t-3} + \gamma_4 CumIPG_{2,t-3} +$$
$$\gamma_5 CumIPG_{3,t-3} + \gamma_6 \ln RDpercent_{it} + \gamma_7 \ln EDU_{it} + \gamma_8 \ln FDI_{it} +$$
$$\gamma_9 \ln GOV + u_i + v_t + \delta_{it} \tag{7-10}$$

表7-7 中列示了创新政策对产学合作强度的影响模型结果。模型（1）、模型（2）、模型（3）、模型（4）分别考察了内部研发强度、控制变量、三类创新政策以及分项连接性政策的作用。从结果可知，内部研发强度高的企业产学合作强度也高，体现了企业吸收能力的作用。创新政策中的连接性政策、规划性政策

对产学合作强度有正向影响，但科技管理政策对产学合作强度有显著负向影响。将连接性政策打开，具体分析科技中介、交流平台、财税金融的作用发现，科技中介与财税金融的系数显著为正，但交流平台的影响不显著。这说明当前中介服务与金融支持对产学合作的积极影响较大，中介服务与金融支持在产学合作外部信息搜索、融资等方面给予了有效支撑。政府应当加快交流平台建设，从而进一步降低产学合作信息流动成本。

表 7-7　创新政策对产学合作强度影响基准模型回归结果

变量	模型（1）	模型（2）	模型（3）	模型（4）
lnRDpercent	1.053**	1.301***	1.189***	1.189***
	(0.470)	(0.381)	(0.293)	(0.293)
$CumIPG_1$	—	—	0.028**	—
			(0.013)	
$CumIPG_2$	—	—	0.026***	0.019***
			(0.004)	(0.003)
$CumIPG_3$	—	—	−0.114***	−0.162***
			(0.022)	(0.025)
link1	—	—	—	0.080***
				(0.027)
link2	—	—	—	0.041
				(0.042)
link3	—	—	—	0.207**
				(0.075)
lngov	—	0.712**	0.429	0.429
		(0.275)	(0.320)	(0.320)
lnedu	—	0.669***	0.577***	0.578***
		(0.186)	(0.197)	(0.197)
lnfdi	—	−0.031	−0.076	−0.076
		(0.141)	(0.123)	(0.123)
Constant	−3.745***	−6.912***	−5.7725***	−5.906***
	(0.342)	(0.896)	(0.910)	(0.962)
Observations	286	286	208	208

变量	模型 （1）	模型 （2）	模型 （3）	模型 （4）
R-squared	0.269	0.358	0.402	0.402

注：创新政策变量为滞后三阶；＊＊、＊＊＊分别表示在5%、1%的水平下显著；括号内为相应的标准差。

三、面板平滑转换模型结果

本章构建面板平滑转换模型来讨论创新政策对产学合作与创新绩效关系的调节作用。

$$PAT_{it}=\mu_i+\lambda_t+\eta_1 RD_{i,t-4}+\eta_2 UIC_{i,t-4}g(CumIPG_{1,i,t-4};\gamma,c)+\eta_3 Z_{i,t-4}+u_{it}$$

$$PAT_{it}=\mu_i+\lambda_t+\theta_1 RD_{i,t-4}+\theta_2 UIC_{i,t-4}g(CumIPG_{2,i,t-4};\gamma,c)+\theta_3 Z_{i,t-4}+v_{it}$$

$$PAT_{it}=\mu_i+\lambda_t+\phi_1 RD_{i,t-4}+\phi_2 UIC_{i,t-4}g(CumIPG_{3,i,t-4};\gamma,c)+\phi_3 Z_{i,t-4}+\delta_{it} \quad (7-11)$$

表7-8的线性检验结果显示，连接性政策、规划政策与管理政策都拒绝了非线性部分系数为零的原假设，说明三类政策对产学合作的企业创新绩效都有非线性调节作用。表7-9的剩余非线性检验结果表明，连接性政策对产学合作与企业创新绩效的调节作用单调递增，即随着连接性政策力度加强，其对产学合作创新效应的调节作用不断加强。管理政策与规划政策对产学合作与企业创新绩效的调节作用随着政策力度加强呈现非单调曲线关系。

表7-8　创新政策调节作用线性检验

转换变量	$m=4$，H_0：$\beta_1=\beta_2=\beta_3=\beta_4=0$	
	LM_{χ^2}	LM_F
连接性政策	48.79＊＊ （0.000）	9.784＊＊ （0.000）
规划政策	51.44＊＊ （0.000）	10.32＊＊ （0.000）
管理政策	47.98＊＊ （0.000）	9.62＊＊ （0.000）

注：＊＊表示在5%的水平上显著；括号内为相应的t值。

表7-9　创新政策调节作用剩余非线性检验结果

转换变量	原假设	$m=2$, $m=4$	
		LM_{χ^2}	LM_F
连接性政策	$H_0: \beta_1 = 0 \mid \beta_2 = 0$	38.18** (0.000)	31.26** (0.000)
	$H_0: \beta_2 = 0$	0.003 (0.952)	0.002 (0.956)
管理政策	$H_0: \beta_1 = 0 \mid \beta_2 = 0$, $\beta_3 = 0$, $\beta_4 = 0$	14.74** (0.141)	12.06** (0.183)
	$H_0: \beta_2 = 0 \mid \beta_3 = 0$, $\beta_4 = 0$	26.63** (0.142)	21.65** (0.185)
	$H_0: \beta_3 = 0 \mid \beta_4 = 0$	14.76** (0.000)	11.92** (0.000)
	$H_0: \beta_4 = 0$	0.91 (0.394)	0.73 (0.394)
规划政策	$H_0: \beta_1 = 0 \mid \beta_2 = 0$, $\beta_3 = 0$, $\beta_4 = 0$	14.51** (0.000)	11.88** (0.000)
	$H_0: \beta_2 = 0 \mid \beta_3 = 0$, $\beta_4 = 0$	19.79** (0.000)	16.17** (0.000)
	$H_0: \beta_3 = 0 \mid \beta_4 = 0$	16.09** (0.000)	13.06** (0.000)
	$H_0: \beta_4 = 0$	1.82 (0.176)	1.46 (0.228)

注：**表示在5%的水平上显著；括号内为相应的标准差。

基于检验结果估计 PSTR 模型的各部分系数，经过非线性转换后，产学合作的创新绩效都变大，并且规划政策、管理政策的调节作用跨越了非显著到显著的变化（见表7-10）。为了具体显示创新政策的调节作用，给出相应转换可视化结果（见图7-2）。

表7-10　创新政策调节作用面板平滑转换模型结果

变量		转换变量		
		连接性政策	规划政策	管理政策
线性部分估计①	ln 产学合作	0.051** (0.099)	0.079 (0.087)	0.081 (0.083)
	lnrd	0.113 (0.102)	0.311** (0.090)	0.207** (0.088)
	lnsize	−0.105 (0.237)	0.043 (0.276)	0.014 (0.224)

---

①　此处虽然两个模型的线性部分模型形式相同，但由于在参数估计时采用的是与非线性部分系数以及转换函数参数迭代收敛的方法，因此两模型线性部分估计值不同。

续表

| 变量 | 转换变量 | | |
	连接性政策	规划政策	管理政策
线性部分估计			
lnfdi	0.200** (0.060)	0.188** (0.065)	0.189** (0.067)
lnedu	0.148 (0.103)	0.316 (0.105)	0.268 (0.106)
lngov	0.154 (0.120)	0.284 (0.136)	0.228 (0.111)
纳入非线性部分后估计			
ln 产学合作	0.185** (0.068)	0.119** (0.086)	0.171** (0.074)
转换函数参数估计			
γ	1.997 (0.730)	14.170 (18.560)	29.870 (7.492)
		3.729 4.746 4.961	3.485 3.647 3.993
c_1，c_2，c_3	3.780 (0.104)	(0.048) (0.144) (0.265)	(0.029) (0.038) (0.144)

注：**表示在5%的水平上显著；括号内为相应的标准差。

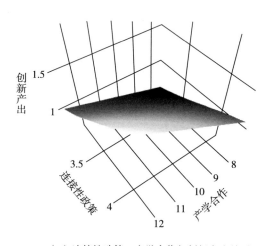

（a）连接性政策、产学合作与创新产出关系

图 7-2 （a）（b）（c）连接性政策、产学合作与创新产出的数值变化

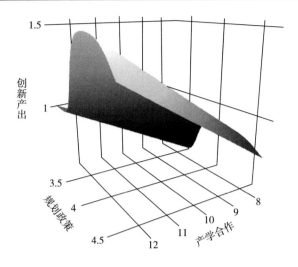

（b）规划政策、产学合作与创新产出关系

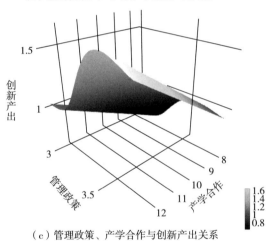

（c）管理政策、产学合作与创新产出关系

图7-2 （a）（b）（c）连接性政策、产学合作与创新产出的数值变化（续图）

第五节 本章小结

本章从产学合作创新效应的非线性特征出发，阐明了企业的吸收能力对产学合作发挥的调节作用，并利用省际面板数据对以上假设进行了实证研究。研究结果表明，企业的内部研发与产学合作知识存量都显著提高了大中型工业企业创新产出；企业的吸收能力对大中型工业企业产学合作的创新效应有显著正向影响。

这一结论解释了产学合作对促进企业创新产出发挥不同作用的现象。本章将吸收能力区分为先验知识存量、消化吸收、技术改造三类，分别用技术内部研发知识存量、消化吸收资本存量、技术改造资本存量替代。基于基准回归的实证结果表明，先验知识存量与产学合作之间的线性交互关系显著，而消化吸收资本存量、技术改造资本存量与产学合作之间的交互关系不显著。进一步地，将产学合作创新效应放松到非线性条件下，先验知识掌握能力的调节作用不显著，其对创新产出的直接作用更重要；消化吸收能力与技术改造能力的非线性调节作用显著，而且随着两者增强，产学合作创新效应出现攀升，尤其是技术改造能力使该创新效应跨越了不显著到显著的边界。

本章还分析了创新政策中连接性政策、管理政策与规划政策的政策效果，实证检验了其对产学合作创新效应产生的影响。结果表明，连接性政策能够促进产学合作创新效应，但随着政策力度增强，该调节作用边际递减。管理政策与规划政策的调节效应呈现非单调曲线分布，即跨越临界点之后，将会减弱产学合作对企业创新绩效的提升。

本章的研究结论有着较强的政策含义，可从产学合作关系、企业与政府三个方面提供有益的政策建议。首先，产学合作被验证是企业、高校研发资源优势互补，提升企业创新效益的一种有效组织形式。作为国家创新体系中最活跃的一对关联，产学合作不仅通过知识创造、流动、吸收与应用的过程持续提升企业创新产出，还促进着创新体系中政府与企业、中介服务机构与企业等其他行为主体间互动关系的建立与作用的发挥。其次，国家相关部门的制度安排应把握产学合作的核心趋势与掣肘之处，例如，如何引导企业通过加强自身吸收能力来优化产学合作绩效，积极利用政策工具推动合作关系良性循环。此外，《国家中长期科学和技术发展规划纲要（2006–2020 年）》提出，建立"社会化、网络化的科技中介服务体系"也是推动技术转移、转化与开发的重要力量。中介服务体系应积极发挥产学合作之间的桥梁与纽带作用。最后，从企业角度出发，知识管理已成为不可缺少的组织工具，通过优化内部知识、外部知识与吸收能力的投入配置能够更好地通过创新获得可持续竞争力。

本章结论也对政府使用政策工具提高创新绩效有重要意义。政府在创新政策制定时，应重视使用消除各主体沟通、合作障碍的连接性政策工具，同时谨慎使用管理与规划工具，防止跨越最优管理空间。科技管理与规划政策应当更加重视服务性减弱冗余审批，例如，取消或下放行政、非行政审批事项，改革登记管理制度等。

第八章　产学合作知识转移的溢出效应

第一节　引　言

区域创新能力的空间差距研究始终是诸多学者关注的焦点，也是全面推进科技创新驱动协调发展战略，还是实现区域协调发展亟待解决的问题。随着科技基础设施、研发人员与重大科研项目等创新投入资源不断在发达地区集聚，这些区域逐渐形成更加完善的科技市场体系与中介服务体系，而各地区的创新能力差异不断拉大。当前，我国区域创新能力呈现"领跑"与"后发"格局，分化趋势较为明显[①]。

为了实现区域创新能力协调发展的目标，可借助政府的行政手段，重新布局创新资源，但这一手段可能会干扰市场规律，造成创新资源错配与浪费，从长期来看并不利于创新效率的提高。相比之下，遵循市场规律的区域创新合作在帮助后发地区的创新追赶中能够发挥更多优势。基于合作关系的知识溢出能够突破地理局限与组织边界，扩散到"后发"地区，减少"知识孤岛"的存在。通过合作，相对落后的地区能够间接享受到"领跑"地区的创新资源，吸收先进的技术与经验，从而提升本地区的创新绩效。

当前我国的产学合作创新呈现跨组织、跨区域的网络化演进趋势。产学合作网络也是基于知识链的动态知识网络（傅利平等，2013），网络主体的知识存量与性质差异是知识溢出的动力，网络关系为知识溢出提供了通道。对于后发地区而言，仅依靠本区域的创新资源很难实现创新追赶，应当充分利用产学合作网络

---

① 中国科技发展战略研究课题小组，中国科学院大学中国创新创业管理研究中心. 区域创新能力评价报告［M］. 北京：科学技术文献出版社，2016.

传递的外部知识，以提升自身创新绩效。

本章将聚焦于产学合作知识溢出（包括外溢与内溢）对创新后发地区的帮扶作用。本章利用产学专利合作网络提供的知识溢出路径以及区域产学合作知识存量量化产学合作知识溢出。通过区分内部溢出、外部溢出，分别讨论其对创新后发地区创新绩效提升发挥的积极作用。进一步地，本章特别考察了创新前沿地区（或称知识密集地区，Knowledge-intensive district）知识溢出对后发地区的帮扶作用。

第二节　产学合作知识转移网络与知识溢出

一、基于知识转移的产学合作创新效应

在技术融合不断加深的大背景下，任何企业都无法独自掌握保持技术竞争力所需的全部知识，与外部组织开展合作进行开放式创新已成为企业可持续发展的必经之路。企业与外部组织复杂交错的合作关系呈现网络状态，这一现实催生并推动了创新网络理论的相关研究。创新网络能够反映技术、组织、制度之间发生的复杂的非线性作用，使各要素有序性、协同度提高，最终通过最优化网络结构推动创新发展（Nonaka and Takeuchi，1995）。硅谷企业的成功为创新网络理论提供了有力的实践证明，布局在硅谷区域的大学、研究机构、商业协会等形成的创新网络极大地推动了该区域的创新。产学合作根植于创新网络理论，两者是创新网络中最活跃的关系，企业与高校异质性知识流动通过网络得以放大，能够有效提升创新产出。

专利作为重要的创新产出，是对创新产出的重要表现形式①。专利合作网络的研究的理论基础之一是社会网络理论。社会网络理论（Social Network Theory）最早用于分析人类社交行为关系，现在已被广泛应用到社会、管理、经济与金融等多个领域。在专利合作网络中，专利申请人、受让人与被受让人，许可人与被许可人之间包含着复杂而深刻的社会关系，因此，该合作网是一个典型的社会关系网络。

---

① 其他创新网络表现还有科研合作网络、产品合作网络等形式。

当前学术界对产学专利合作网络的研究已有丰厚的积淀。这些研究大都集中在考察联合申请专利网络的形态、特征以及演变，其中包括对特定区域、特定行业或技术领域，或者对有限样本高校、企业的分析。比较有代表性的研究有：刘桂锋等（2015）构建了江苏省高校与企业间联合申请发明专利的网络，分析了该网络的结构及空间分布演化路径；刘志迎等（2013）以 13 所大学及 191 个企业为样本，考察了网络中的技术距离与地理距离对产学协同创新绩效的影响。其研究表明技术距离越大越有利于协同创新成果产出。部分研究有选择地针对部分高校构建合作网络，例如，对"985 高校"的研究，其研究反映清华大学处于网络的核心位置，能源型企业占有重要地位（刘凤朝，2011）。也有一些对特定类型企业或某一企业为案例的研究。江志鹏等（2018）利用我国制药企业 1995~2012 年产学研联合发明专利数据研究了技术势差对企业技术能力的影响。王珊珊等（2018）专门分析了华为公司的产学研合作发明专利网络的特征、演化，并从华为公司在产学研合作中的规律得出有益启示。已有文献对专利转让与许可网络的研究较少。王元地等（2011）综合运用空间分布分析法和社会网络分析法研究了我国 2008~2012 年高校技术许可的省际分布现状及网络特征。

合作是组织间知识传播的重要途径，对网络中的每个个体而言，知识都是关键竞争力。网络环境为知识的创造提供了更丰富的资源，并为其扩散提供了便利通道（Sorenson et al.，2006）。产学合作各方主体存在知识互补以及知识势差，使知识得以在各主体间不断流动。一方面，高校作为知识供给方，基于技术合同定向地提供知识流向企业；另一方面，通过产学合作，存在于人员头脑中以及难以用介质表现的隐性知识也发生了流动。

从跨组织知识流动角度研究产学协同创新的研究还处于发展阶段。Santoro 和 Bierly（2006）探讨了产学研协同创新的知识转移过程，考察了推动企业与高校知识转移的关键因素与障碍。Ramani 和 De Looze（2002）基于专利统计构建了一系列指标来衡量企业或国家的知识基础。将这些指标应用到法国、德国与英国的知识网络中，结果发现网络中心性高的节点创新产出更高。

已有的研究产学合作创新效应的文献忽略了产学合作的网络效应，大多使用"企业对高校的研发支出"或"高校科研活动经费筹集总额中的企业资金"两个流量指标作为产学合作的度量，讨论其对创新产出的提升作用。讨论产学合作网络效应的相关文献，重点研究了网络规模、节点位置、网络强度等指标对网络主体创新绩效的影响，未从知识溢出角度考察产学合作的创新效应（马艳艳等，

2011，2014；王伟光等，2015；刘学元等，2016）。傅利平等（2013）研究了知识溢出与产学研合作创新网络内部知识流动的关系，利用供求分析法阐释了两者的耦合机制，该研究并未进行实证分析。产学合作中包含大量技术转移，我国已存在发展较为成熟的跨区域技术转移联盟，司尚奇等（2010）研究了城市技术转移联盟的特征，发现珠三角、长三角的技术转移能力最强，而培育北京、上海等中介性较强的城市可促进合作。何晓清（2017）基于高技术产业和中低技术产业为网络节点构建创新网络，研究创新网络对区域创新的促进作用，结果表明，创新网络欠发达地区，创新网络对区域创新表现为促进作用，但节点间的溢出效应对区域创新影响不大。通过调查相关文献可知，尚未有文献从产学合作网络角度讨论知识溢出对创新后发地区产生的影响。

产学合作知识存量为各类模式下产学合作积累下来的某一特定时点的知识总量①。该知识存量溢出效应的存在与重要性毋庸置疑，但知识溢出的识别与测度仍是具有挑战性的问题（Audretsch and Feldman，2004）。与一般知识溢出无异，产学合作知识溢出也包括显性溢出与隐性溢出两种形式：专利、技术秘密等承载产学合作知识的产出成果的转移是典型的显性溢出，其流动过程通过专利大数据与技术交易市场交易数据可被观察；隐性溢出指的是研究团队成员之间的正式与非正式交流。隐性知识是指人脑中认知、经验等难以用载体承载的知识，只能通过沟通传播，此类隐性知识的传播路径难以捕捉。但可确定的是，隐性合作中形成的各类社会关系会增进未来合作的意向与机会，导致未来知识溢出的发生，从而形成良性合作循环。产学合作关系降低了知识溢出成本，促进知识的转移，而知识溢出又反过来巩固了合作关系，推进合作网络中组织间知识共享（Dyer and Nobeoka，2000）。

产学合作为知识溢出提供了通道。已有研究表明，实践中最直接的知识溢出渠道包括合作研究、专利许可、专利转让与咨询，或社会网络与非合同交流等（Grimp and Hussinger，2013），混合机制的知识溢出则主要发生在人员流动过程中（Pond et al.，2010）。此外，技术、地理、制度等邻近性将影响知识溢出的地理分布与效率，这些因素同时也影响产学合作关系的形成与紧密性。

网络是对合作型关系的良好刻画，产学合作网络能够较好地体现产学合作知

---

① 王文静，高敏雪. 中国产学合作模式下的知识存量研究［J］. 数量经济技术经济研究，2019，36（4）：139-154.

识溢出的路径。一些文献分析了网络结构对创新的影响，但其考察的是企业合作网络的创新效应，并未涉及产学合作网络的影响（Schilling and Phelpes，2007）。部分研究讨论了产学合作网络中关注网络成员位置与企业特征对知识转移的影响。例如，Fristch 和 Kauffeld-Monz（2010）构建了德国 16 个区域的大学、企业和非大学科研机构的合作网络，研究了网络结构、个体网络特征、网络成员的位置和企业的特征等因素对知识信息转移的影响。魏守华等（2004，2010）研究发现，区域创新能力不仅取决于 R&D 活动规模以及创新环境，还取决于该区域对外部技术溢出的吸收能力。企业对外部知识的搜寻与利用自然与外界组织形成合作关系，产学合作是最活跃的一类创新合作模式，其本身以及基于合作网络的知识溢出都具有广泛的创新效应。

基于此，本章提出如下假设：基于产学合作网络的区域内知识溢出将对创新产出产生正向影响（假设一）。

二、知识转移对创新落后地区的帮扶作用

将各区域划分为创新前沿地区与创新后发地区两类。创新前沿地区（或者称知识密集地区）的特征表现为高校（与研究机构）密集，基础研究水平高，高技术领域企业活跃，创新服务及基础设施完善；创新后发地区则呈现相反的图景。在良好的创新环境保证下，创新前沿地区跨组织之间更容易产生合作关系（Hoekman et al.，2009）。

前文已经论述了产学合作具有广泛的创新效应，创新后发地区的产学合作知识存量应当对其创新产出有显著正向影响。但对于这些地区而言，由于缺乏创新资源与积累，其谋求发展还需要考虑联合外部知识，与区域外组织开展研发合作，以摆脱重复落后技术的困境（Timmermans and Boschma，2014）。后发地区的创新主体（本章仅考察高校、企业）通过与外部组织建立合作关系，将合作产生的知识溢出纳入本地知识存量，以提升本地技术水平。因此，后发地区的创新成功与否，不仅取决于其内部合作程度，还取决于其在跨组织、跨区域知识溢出网络中的活跃程度（Wanzenbock et al.，2014）。从合作质量角度考虑，创新后发地区与前沿地区的合作能够获得更新技术所需的资金、相关服务等更多创新资源。De Noni 等（2018）对欧洲创新表现落后区域的创新绩效提升开展实证研究，结果表明相对一般区域，与知识密集区域的合作强度对其创新绩效提升影响更大。

在国内相关研究中，刘凤朝等（2013）基于技术市场成交合同数据构建了区域间技术转移网络。其研究发现我国省际技术转移活动越来越频繁，且呈现出"弱—弱"子群向"强—弱"子群发展的变化。企业层面的研究也证实企业的区域间研发合作更有利于提高创新质量（孙玉涛等，2017）。

基于此，本章提出如下假设：创新后发地区的跨区域产学合作能够提高创新绩效，尤其是与知识密集地区的合作作用更强（假设二）。

第三节 数据准备

一、创新后发地区的样本划分

中国科技发展战略研究课题组发布的《中国区域创新能力评价报告》[①] 通过一套完整的指标体系对我国各区域的创新能力进行比较与评价。2005～2015 年的报告结果显示，北京、上海、江苏、广东一直以来都是创新密集区域。广东的创新开放度高，外贸发达，市场活跃且具备宽松的创业环境。江苏的企业创新表现突出，企业的研发机构、研发人员等都表现突出。北京与上海汇聚了最先进的创新资源，高校与科技机构密集，基础设施与科技服务完善。因此，本章对创新后发地区与知识密集地区的第一种划分方式基于区域创新能力评价，以北京、上海、江苏与广东作为领跑区域。

为了进行稳健性检验，我们选择不同方式对样本进行划分。2005～2015 年我国各省市专利申请量格局基本没有发生太大变化：东部地区的专利申请量占据优势，是"领跑"的知识密集区域，而其余区域相对落后，为创新后发地区。为了减弱主观性，本章计算了 2005～2015 年各区域专利申请量的累积分布，将 1/5 上分位点对应的五个地区作为创新领跑地区（北京、上海、广东、山东、江苏）。

二、基于网络的区域合作权重

产学专利合作网络是产学合作网络的表现方式之一[②]。专利合作主要包括专

[①] 《中国区域创新能力评价报告》是以中国区域创新体系建设为主题的综合性、连续性年度研究报告，至今已连续出版 18 年。

[②] 除此之外，还有发明者合作网络、科研论文合作网络等。

利的联合申请、专利转让与专利许可三种形式。本章所指产学合作网络是指企业与高校通过专利联合申请、专利许可与专利转让构建的合作网络。将高校与企业作为节点，其联合申请关系将形成网络结构。类似地，高校与企业间的专利转让与许可关系也将形成网络。

为了获得区域层面的联系，本章提取了联合申请网络中申请人地址、专利转让网络中转让人与受让人以及许可网络中许可人与被许可人的地址，构建区域专利合作网络（见表8-1）。具体利用 R 语言构建"地址—省份名称"空间数据库，识别每条专利对应的空间地理信息。本章选取我国 30 个省份（西藏除外）作为网络节点，构建区域合作网络来分析我国跨省市的高校与企业之间的合作情况。区域之间的合作强度使用节点的度数表示，在计量模型中需除以总节点度数进行标准化。

表 8-1　2015 年区域产学专利合作网络　　　　　　　单位：项

省份	上海市	北京市	天津市	山东省	广东省	江苏省	浙江省
上海市	1122	182	35	73	156	296	137
北京市	178	2431	110	143	372	423	125
山东省	71	141	11	735	29	59	22
广东省	152	362	22	24	1751	157	56
江苏省	269	419	40	57	161	2752	85
浙江省	112	131	6	21	45	99	1183

注：区域内合作是指对角线合作关系；跨区域合作是指非对角线的合作关系。其中，联合申请矩阵是无向网络，而转让与许可网络知识流动方向为从高校到企业。因此，三者合并而成的合作矩阵为非对称阵。矩阵的行为知识流出方向，列为知识流入方向。

第四节　变量与描述性统计

本书根据数据的可获得性与稳定性选择区域专利申请量作为因变量衡量区域创新产出。创新投入变量包括产学合作知识存量、企业内部研发知识存量。在人员投入方面，采用区域研发人员全时当量衡量创新人力资源投入。在创新投入之外，本书还将政府支持、外商直接投资、区域教育水平、区域高新技术产业发展水平作为控制变量。具体地，政府支持会对企业创新产生影响，有研究认为政府支持能够起到激励作用，但也有研究讨论政府科技投入对企业自主研发投入的"挤出效应"。政府对企业创新的支持表现为直接与间接两种方式，直接方式为财政科技拨款，间接方式有担保、减免税、贴息与补助等。在区域层面上无法获得政府间接支持的数据，因此本章选择企业科技收入中政府资金所占比重替代政府支持。发展中国家获取和利用技术知识的重要途径之一为外商直接投资，外商直接投资能够带来新技术，对国内创新活动提供动力，是影响企业创新产出的因素之一。相比传统产业，高技术产业的创新活动更加密集，创新能力更强，区域高技术产业发展状况将对创新产出产生影响，因此本书将其纳入控制变量。区域教育水平反映了人力资源对区域创新的重要影响，也是控制变量之一。

（一）区域创新产出

本章选用各区域专利申请量作为创新产出衡量指标。虽然专利数据在衡量创新产出中仍存在一定局限性，除专利之外还有商业秘密等方式可以保护创业成果，且不同专利间可能存在较大的质量差异。但由于数据易得性以及标准稳定性，专利仍是衡量创新产出较为可靠的指标。

（二）创新投入

本章使用的产学合作知识存量为各类模式下产学合作积累下来的某一特定时点的知识总量。企业内部研发知识投资数据使用各地区大中型企业研究与开发经费内部支出，进而利用永续盘存法测算其资本存量。在人员投入方面，本章采用各区域的研发人员全时当量衡量创新投入中的人员投入。

（三）控制变量

本章选择外商直接投资占增加值的比重作为替代变量。为了衡量一个地区的开放水平，纳入控制变量对外贸易情况，采用货物进出口总额占 GDP 的比重衡量（见表8-2）。区域内部的产业结构也是影响其创新产出的重要变量之一。由于高技术产业增加值数据不完整，使用高技术产业利润占工业企业总利润衡量高技术产业情况。一般而言，区域人口的教育水平越高，人力资本的素质越高，将越有利于创新发展。本章选择大专人口所占比重衡量各省市教育水平。

表 8-2　变量描述性统计结果

变量名称	均值	标准差	最小值	最大值
专利（项）	18033.12	30903.13	547.00	234983.00
产学合作知识存量（亿元）	6.81	7.55	0.20	53.06
企业内部研发知识存量（亿元）	325.82	419.37	9.94	3100.00
研发人员全时当量（人年）	70382.33	60901.97	6986.00	364710.40
科技经费来源中政府资金占比（%）	23.24	11.98	7.45	60.81
外商直接投资占增加值比重（%）	2.25	1.94	0.07	8.19
对外贸易进出口额占增加值比重（%）	20.40	19.54	4.02	118.00
高技术产业利润占工业企业总利润比重（%）	0.07	0.14	-1.81	0.27
受教育程度	8.77	4.02	2.72	23.33

本章利用 2005～2015 年省级面板数据开展实证研究。数据来源于统计年鉴与专利大数据，主要包括《中国统计年鉴》《中国科技统计年鉴》《工业企业科技统计年鉴》以及国家知识产权局 SIPO 数据库、万象云专利服务平台。在估计模型中，上述变量均以对数形式出现，其中涉及经费支出的根据相应价格指数调整为 2010 年不变价。由于产学合作知识存量测算过程中西藏、青海、宁夏、重庆与海南数据不全，分析中暂不考虑。

第五节　模型与实证结果

一、计量模型

Griliches-Jaffe 知识生产函数模型是讨论知识存量、知识溢出与创新之间的关系的经典模型，本章基于此模型并加以拓展，考察产学合作知识溢出对创新后发地区的创新绩效影响。本章将产学合作知识溢出划分为区域内溢出与跨区域溢出两类，分别测算两者数据。进一步地，为了考察知识密集区域知识溢出对落后地区的创新提升作用，本章还引入了相应的产学合作局部知识溢出变量构建模型。综上所述，考虑了产学合作知识存量、企业内部研发知识存量和人力资本变量的区域创新生产函数为：

$$y_{it} = f(UIC_{it}, RD_{it}, l_{it}, z_{it}) \tag{8-1}$$

其中，y_{it} 为第 i 个地区第 t 期专利产出；UIC_{it} 表示各区域产学合作知识溢出（包括内溢与外溢）；RD_{it} 表示各区域企业内部研发知识存量；l_{it} 表示研发人力资本存量；z_{it} 表示其他控制变量，表示影响创新产出的其他来源。考虑创新产出的动态调节机制，本章采用滞后一期与滞后二期的创新产出变量衡量的潜在因素影响，最终建立内溢动态面板模型如下：

$$\ln P_{i,t} = \beta_0 + \beta_1 \ln P_{i,t-1} + \beta_2 \ln P_{i,t-2} + \beta_3 \ln \left(\sum_{j=1}^{n} \sum_{i=1}^{n} W_{j,i,t}^{inner} UIC_{i,t} \right) + \beta_4 \ln RD_{i,t} +$$
$$\beta_5 \ln \left(\sum_{j=1}^{n} \sum_{i=1}^{n} W_{j,i,t}^{inner} UIC_{i,t} \right) \times \ln RD_{i,t} + \beta_6 \ln X_{i,t} + u_{i,t} + \delta_{i,t} \tag{8-2}$$

其中，$P_{i,t}$ 表示区域 i 年份 t 的专利申请量；$RD_{i,t}$ 表示企业内部研发知识存量；$UIC_{i,t}$ 表示产学合作知识存量；W_t^{inner} 表示产学专利区域内专利合作权重矩阵；$X_{i,t}$ 表示控制变量。

为了验证产学合作跨区域知识溢出对创新后发地区创新绩效的提升作用，本章构建如下外溢动态面板模型：

$$\ln P_{i,t} = \beta_0 + \beta_1 \ln P_{i,t-1} + \beta_2 \ln P_{i,t-2} + \beta_3 \ln \left(\sum_{j=1}^{n} \sum_{i=1}^{n} W_{j,i,t}^{outside} UIC_{i,t} \right) + \beta_4 \ln RD_{i,t} +$$
$$\beta_5 \ln \left(\sum_{j=1}^{n} \sum_{i=1}^{n} W_{j,i,t}^{outside} UIC_{i,t} \right) \times \ln RD_{i,t} + \beta_6 \ln X_{i,t} + u_{i,t} + \delta_{i,t} \tag{8-3}$$

其中，$W^{outside}$ 表示产学专利区域间专利合作权重矩阵。

为了进一步讨论知识密集区域的产学合作知识溢出对创新后发地区发挥的重要作用，本章构建了局部溢出动态面板模型 [模型（3）]：

$$\ln P_{i,t} = \beta_0 + \beta_1 \ln P_{i,t-1} + \beta_2 \ln P_{i,t-2} + \beta_3 \ln \left(\sum_{j=1}^{n} \sum_{i=1}^{n} W_{j,i,t}^{intensive} UIC_{i,t} \right) + \beta_4 \ln RD_{i,t} +$$
$$\beta_5 \ln \left(\sum_{j=1}^{n} \sum_{i=1}^{n} W_{j,i,t}^{intensive} UIC_{i,t} \right) \times \ln RD_{i,t} + \beta_6 \ln X_{i,t} + u_{i,t} + \delta_{i,t} \tag{8-4}$$

其中，$W_t^{intensive}$ 表示知识密集区域与创新后发区域间专利合作的权重矩阵。

二、模型结果

（一）基本结果

根据前文假设，本章主要检验产学合作及其知识溢出对创新后发地区的创新绩效提升有显著正向影响。本章通过产学专利合作权重矩阵将区域知识存量区分为区域内知识存量以及跨区域知识溢出存量，前者能够体现区域内产学合作知识存量的创新效应［模型（1）］，后者则反映了区域间的产学合作知识溢出对创新后发地区创新产出的帮扶作用［模型（2）］。此外，由于产学专利合作网络展现出明显的"中心—边缘"格局，本章特别考察处于中心的"知识密集"区域的知识溢出对创新后发地区的创新绩效提升发挥的作用，检验其是否高于整体网络知识溢出的作用［模型（3）］。本章采用面板动态模型系统 GMM 估计获得模型参数，FM 为面板固定效应模型估计结果，用于系数比较。

表 8-3 的各个模型中，上一期专利申请数的系数符号始终显著为正，而滞后二期的专利申请数的系数符号始终显著为负，反映了创新产出在相邻年份之间的动态调整过程，滞后一期的专利量将促进本期专利申请量，但由于资源总量限制与不确定性，滞后二期的专利申请量则会产生抑制作用。表 8-3 中模型一将产学合作知识的区域内溢出对创新后发地区的创新产出进行回归，其系数显著为正，提示区域内产学合作知识存量的创新效应显著。在模型（2）中，是产学合作的跨区域知识溢出系数显著为正，且大于模型（1）中的区域内知识溢出创新效应，说明由于创新后发地区自身的创新环境较差，相应的科技服务机制不完善，其创新后发地区创新绩效提升将更多地得益于跨区域的产学合作知识溢出。从产学合作网络知识溢出路径角度考察创新效应问题，有利于我们考察创新主体之间的协同机制以及各地如何协调利用本地知识存量与外部知识实现创新的过程。产学合作网络内部流通性的增强、网络中心扩大以及边界扩展都有助于产学协同创新过程中应对知识搜索、知识转移以及实现知识吸收与再创新。

表 8-3　产学合作知识溢出对创新产出的影响①

变量	模型（1）区域内溢出		模型（2）跨区域溢出		模型（3）知识密集地区溢出	
	FM	GMM	FM	GMM	FM	GMM
P_{t-1}	0.958***	1.263***	0.971***	1.295***	0.978***	1.267***
	(0.079)	(0.052)	(0.076)	(0.074)	(0.079)	(0.071)
P_{t-2}	-0.173**	-0.326***	-0.219**	-0.356***	-0.221**	-0.318***
	(0.083)	(0.065)	(0.080)	(0.084)	(0.081)	(0.084)

① 为节约篇幅，未报告不显著的控制变量。

续表

变量	模型（1）区域内溢出		模型（2）跨区域溢出		模型（3）知识密集地区溢出	
	FM	GMM	FM	GMM	FM	GMM
$W_t^{inner}UIC_t$	0.354***	0.225***				
	(0.120)	(0.082)				
$W_t^{outside}UIC_t$			0.410**	0.429***		
			(0.182)	(0.146)		
$W_t^{intensive}UIC_t$					0.342**	0.473***
					(0.160)	(0.131)
RD_t	0.040	0.010	0.087	0.130*	0.061	0.162**
	(0.116)	(0.045)	(0.122)	(0.075)	(0.117)	(0.065)
$Employee_t$	0.138	0.124*	0.134	0.110*	0.128	0.087
	(0.082)	(0.064)	(0.084)	(0.056)	(0.081)	(0.058)
GOV_t	−0.064	−0.036**	−0.043	−0.023	−0.053	−0.018
	(0.086)	(0.016)	(0.096)	(0.019)	(0.097)	(0.018)
FDI_t	−0.064***	−0.023	−0.064***	−0.022	−0.060***	−0.024
	(0.021)	(0.014)	(0.016)	(0.016)	(0.016)	(0.015)
$TRADE_t$	0.058	0.024	0.092*	0.030**	0.084	0.029**
	(0.052)	(0.015)	(0.047)	(0.013)	(0.049)	(0.013)
$W_t^{inner}UIC_t \times RD_t$	−0.025***	−0.014***				
	(0.008)	(0.005)				
$W_t^{outside}UIC_t \times RD_t$			−0.028**	−0.028***		
			(0.013)	(0.010)		
$W_t^{intensive}UIC_t \times RD_t$					−0.023*	−0.032***
					(0.011)	(0.009)
时间效应	Yes	Yes	Yes	Yes	Yes	Yes
地区效应	Yes	Yes	Yes	Yes	Yes	Yes
AR（1）		0.012		0.007		0.006
AR（2）		0.592		0.264		0.308
Sargan		0.155		0.421		0.389

注：*、**、***分别表示在10%、5%、1%的显著性水平上显著；括号内为标准差。

比较表8-3中模型（3）与模型（2）的结果，发现"知识密集"地区，或

"创新中心"地区（广东、江苏、北京、上海）的产学合作知识溢出作用略高于整体合作网络的跨区域溢出。说明在"中心—边缘"格局的产学合作网络中，中心区域对创新落后地区的帮扶作用更强。由于各区域的高校与企业布局、开放程度、技术结构与知识存量的不同，其知识供需强度存在较大差异，进而决定了各区域在产学合作网络中承担不同的角色。产学主体之间的知识势差以及知识异质性决定了其对知识供需对象的选择。以北京、上海、江苏、广东为代表的知识密集区域知识溢出、技术辐射能力较强，而发生于技术市场的产学合作关系能够克服地理距离的限制，跨区域溢出到具有合作关系的网络"边缘"地区。基于分析可知，后发地区通过依靠产学合作网络路径实现创新追赶具有可行性，且各地区应当密集关注知识密集区域（网络中心区域）对整体网络的控制力，使以"强—弱"联结为特征的网络子群发挥比网络整体更强的创新力。

（二）稳健性分析

1. 变换样本

为了检验结果的稳健性，本章基于各区域的专利申请量累积分布的分位数重新划分样本，定义创新后发地区与知识密集地区——累积分布的1/5上分位点对应的地区为知识密集区，其余区域为创新后发地区。表8-4报告了各模型的结果，相关结论与基准回归保持一致，验证了本章结论的稳健性。

表8-4 基于专利申请量累积分布划分样本的计量结果①

变量	模型（1）内部溢出		模型（2）跨区域溢出		模型（3）知识密集地区溢出	
	FM	GMM	FM	GMM	FM	GMM
P_{t-1}	0.937***	1.170***	0.927***	1.259***	0.927***	1.246***
	(0.086)	(0.064)	(0.082)	(0.080)	(0.083)	(0.079)
P_{t-2}	−0.161	−0.252***	−0.177*	−0.338***	−0.174*	−0.322***
	(0.093)	(0.087)	(0.094)	(0.097)	(0.096)	(0.100)
$W_t^{inner} UIC_t$	0.262*	0.353***				
	(0.148)	(0.120)				
$W_t^{outside} UIC_t$			0.342*	0.382***		
			(0.192)	(0.141)		

① 为节约篇幅，未报告不显著的控制变量。

变量	模型（1）内部溢出		模型（2）跨区域溢出		模型（3）知识密集地区溢出	
	FM	GMM	FM	GMM	FM	GMM
$W_t^{intensive} UIC_t$					0.342*	0.430***
					(0.193)	(0.139)
RD_t	−0.029	0.028	0.008	0.081	0.005	0.116
(0.116)		(0.055)	(0.120)	(0.086)	(0.116)	(0.076)
$Employee_t$	0.184**	0.187**	0.199**	0.151**	0.199**	0.133*
	(0.079)	(0.076)	(0.075)	(0.070)	(0.074)	(0.068)
GOV_t	−0.071	−0.024	−0.052	−0.023	−0.056	−0.017
	(0.089)	(0.025)	(0.098)	(0.031)	(0.099)	(0.029)
FDI_t	−0.073***	−0.025	−0.076***	−0.008	−0.077***	−0.006
	(0.019)	(0.018)	(0.014)	(0.016)	(0.014)	(0.016)
$TRADE_t$	0.056	0.026	0.083	0.029**	0.081	0.028*
	(0.052)	(0.021)	(0.049)	(0.014)	(0.050)	(0.014)
$W_t^{inner} UIC_t \times RD_t$	−0.019*	−0.024***				
	(0.010)	(0.008)				
$W_t^{outside} UIC_t \times RD_t$			−0.024	−0.025**		
			(0.014)	(0.010)		
$W_t^{intensive} UIC_t \times RD_t$					−0.024*	−0.029***
					(0.014)	(0.009)
时间效应	Yes	Yes	Yes	Yes	Yes	Yes
地区效应	Yes	Yes	Yes	Yes	Yes	Yes
AR（1）		0.012		0.010		0.011
AR（2）		0.484		0.272		0.305
Sargan		0.052		0.297		0.251

注：*、**、***分别表示在10%、5%与1%的显著性水平上显著；括号内为标准差。

2. 基于面板分位回归模型的检验

本章的基准模型通过对创新前沿与后发区域进行划分，考察产学合作知识溢出对后发地区的积极影响。该模型的不足之处在于创新前沿与后发区域的划分需要依靠经验或基于某指标数据，此外，基于均值的回归难以反映整个分布的全貌。分位数回归基于被解释变量条件分布来考察解释变量与被解释变量之间的关系，被解释变量各分位点的结果能够提供更多信息。Powell（2016）研究了考虑内生性的面板分位回归估计量，该估计量可被应用于动态面板分位回归模型中。表8-5、表8-6分别报告了产学合作跨区域知识溢出与区域内知识溢出的创新效应计量结果。结果显示在0.25、0.50与0.75分位点，跨区域知识溢出与区域内知识溢出都对区域创新产出有显著正向影响，且前者的作用更强。这一结论与基准模型保持一致，再次验证了本章假设。

表8-5　产学合作跨区域知识溢出创新效应

变量	Q0.25	Q0.50	Q0.75
P_{t-1}	0.672***	0.714***	1.178***
	(0.201)	(0.038)	(0.058)
P_{t-2}	0.115	0.084*	−0.259***
	(0.146)	(0.049)	(0.053)
$W_t^{outside}UIC_t$	0.505***	0.666***	0.497***
	(0.062)	(0.136)	(0.173)
RD_t	0.454***	0.245***	0.087
	(0.142)	(0.063)	(0.076)
$Employee_t$	0.064	0.349***	0.122**
	(0.074)	(0.044)	(0.054)
GOV_t	−0.058***	−0.106***	−0.105***
	(0.022)	(0.033)	(0.022)
FDI_t	−0.102**	−0.132***	−0.085***
	(0.044)	(0.025)	(0.012)
$TRADE_t$	0.085**	0.093	0.052***
	(0.035)	(0.062)	(0.0108)
$W_t^{outside}UIC_t \times RD_t$	−0.0364***	−0.049***	−0.0279**
	(0.004)	(0.009)	(0.0120)

注：*、**、***分别表示在10%、5%与1%的与显著性水平上显著；括号内为标准差。

表 8-6　产学合作区域内知识溢出创新效应

变量	Q0. 25	Q0. 50	Q0. 75
P_{t-1}	0. 947***	0. 980***	1. 041***
	(0. 038)	(0. 011)	(0. 041)
P_{t-2}	−0. 145***	−0. 039***	−0. 052
	(0. 049)	(0. 011)	(0. 050)
$W_t^{inner}UIC_t$	0. 184***	0. 115***	0. 143***
	(0. 068)	(0. 017)	(0. 015)
RD_t	0. 051	0. 087***	0. 049***
	(0. 042)	(0. 016)	(0. 015)
$Employee_t$	0. 175***	0. 035***	−0. 120***
	(0. 035)	(0. 009)	(0. 020)
GOV_t	−0. 081***	−0. 031***	−0. 030***
	(0. 020)	(0. 002)	(0. 007)
FDI_t	−0. 0503***	−0. 009***	0. 014***
	(0. 010)	(0. 003)	(0. 004)
$TRADE_t$	0. 036***	0. 002	−0. 020***
	(0. 008)	(0. 003)	(0. 006)
$W_t^{inner}UIC_t \times RD_t$	−0. 011**	−0. 008***	−0. 007***
	(0. 004)	(0. 001)	(0. 001)

注：＊、＊＊、＊＊＊分别表示在 10%、5% 与 1% 的显著性水平上显著；括号内为标准差。

第六节　本章小结

本章展现了创新后发区域吸收产学合作网络引致的知识溢出实现创新追赶的过程，验证了产学合作知识溢出对后发地区发挥的重要帮扶作用。本章首先通过专利大数据构建了产学专利合作网络，将不同合作形式（联合申请、许可与转让）下的专利数据进行汇总，利用可视化图谱与知识溢出矩阵展示了产学专利合作知识溢出路径。基于该路径，计算区域产学合作知识存量（包括合作研发与技术转让知识存量）的区域内及跨区域溢出。在实证研究方面，首先根据《中国区域创新能力报告》的相关数据将全国各省市划分为创新前沿区域与后发区域；其次基于动态面板模型验证产学合作知识溢出对后发地区的帮扶作用。实证研究结果表明，产学合作研发与技术转让知识存量能够显著提升后发地区的创新绩效，且跨区域的知识溢出提升作用高于区域内知识溢出。进一步地，将知识溢出范围缩窄到前沿地区与后发地区发现，相对于合作网络整体，前沿地区与后发地区形成的网络子群引致的知识溢出对后者的帮扶作用更强。

本章主要包含三个方面的启示：一是我国各区域创新能力呈现"领跑—追赶"的格局，创新后发区域自身基础设施、科技服务不够完善，创新环境较差，通过协同创新实现创新追赶是有效途径之一。二是产学合作是区域创新体系的组成部分，是协同创新的重要表现之一。产学合作使企业与高校的异质性知识得以耦合，能够促进高校的科技成果转化，并为企业提供外部基础研究知识来源。更重要的是，合作关系能够有效突破地理、技术与学科界限，为知识溢出提供通道。后发地区应当充分利用产学合作知识溢出的外部性，实现创新追赶。三是我国产学合作网络的"中心—边缘"特征使中心区域与边缘区域的联系成为网络中连通性最好、最重要的子群，后发地区应考虑积极与知识密集地区开展合作。

第九章　产学合作模式与统计体系实践

第一节　产学合作模式

为了更好地理解我国产学合作的状况，本书试图以中关村高科技园区为代表性案例，对我国产学合作中涉及的各类事项以及合作流程做解读。

中关村科技园区是中国第一个国家级高新技术产业开发区，是我国创新发展的一面旗帜。中关村科技园区囊括了高校、以中国科学院为代表的科研院所、高新技术企业等创新主体，有较好的产学合作氛围。中关村辖区内几乎全部大学、科研院所都设立了技术转移中心等专门提供高校以及科研院所科技成果转化、交易等服务的机构部门。在相关政策方面，中关村科技园区海淀园管理委员会发布了《海淀区促进产学研合作实施办法》（海行规发〔2009〕11号）、《海淀区鼓励企业提升自主创新能力实施办法》（海行规发〔2009〕5号）等，引导各类创新要素的合理配置，建设以企业为主体，市场为导向，产学密切结合的技术创新体系。中关村科技园区内涉及的产学合作方式主要有三类：一是依托研发项目，以项目为纽带建立合作关系的合作；二是共建合作平台；三是建立产业联盟，其中最主要的合作方式是依托项目。以下具体介绍依托研发项目合作方式的具体模式。

依托研发项目的合作方式具体指技术转让、项目委托与合作研发。图9-1展示了中关村科技园产学合作技术转让模式。该模式清晰地体现了技术转让合作中，基于技术转让合同，大学出让技术，企业受让技术，技术流向为从前者到后者，同时，资金流向为从企业到大学。当企业吸收高校技术后，开展创新活动并实现产业化，最终将产出投入市场。技术转让模式是一种较为松散的合作方式，其优势在于产学双方的权责明晰，程序较为简单，可依靠技术交易市场完成交易。然而，其劣势是技术转让过程中产学双方的交流较少，不利于隐性知识的转移，也难以形成长期的、稳定的合作关系。

图 9-1　中关村科技园区产学合作技术转让模式

注：国务院发展研究中心中国发展观察《中关村产学研合作的三种典型模式》。本书在原有模式图基础上进行加工，仅展示了大学与企业之间的合作情况。

委托研发也是中关村一类较为普遍的产学合作方式，见图 9-2 中关村科技园区产学合作委托研发模式。委托研发与技术转让的相同之处在于成果所有权归属于企业，不同之处在于委托研发的研发项目来自企业，但由大学开展具体研发工作。在该类模式中，企业将自身研发项目委托于高校，为其后者提供资金，项目成果归企业所有。该类合作的优点在于企业合理利用了外部知识，结合高校基础研究优势，降低了自身研发失败的不确定性，同时高校也获得了来自企业的研究经费。

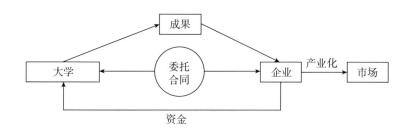

图 9-2　中关村科技园区产学合作委托研发模式

注：王晓明. 中关村产学研合作的三种典型模式［J］. 中国发展观察，2015（4）36-40. 本书在原有模式图基础上进行加工，仅展示了大学与企业之间的合作情况。

相比委托研发，合作研发中企业与高校的联系更为紧密，具体流程如图 9-3

所示。在合作研发模式中，研发项目可能来自企业与大学共同申报的国家科技项目，因此资金来源可能部分来自政府部门。合作过程中高校将提供人才与实验室等资源，企业将提供人才、实验室以及资金。合作成果将由联合研发双方共享，双方都将从合作成果中获益。联合研发模式集中了产学各方力量，实现研究课题攻关，对区域乃至国家创新发展有重要意义。

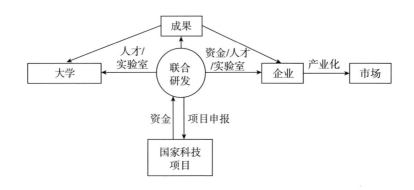

图 9-3　中关村科技园区产学合作联合研发模式

注：国务院发展研究中心中国发展观察《中关村产学研合作的三种典型模式》。本书在原有模式图基础上进行加工，仅展示了大学与企业之间的合作情况。

第二节　产学合作统计体系实践

在知识经济背景下，企业对知识的生产、扩散与利用是其在国家创新体系中保持竞争力的重要因素。在许多国家，产学合作已成为制定技术与创新政策的有效工具。欧盟、OECD 等国际组织针对产学合作开展了较为全面的研究，包括概念界定、统计测度、数据分析以及大量关于产学合作创新效应的实证分析。

我国在产学合作领域也已经积累了大量研究经验。来自经济、管理等诸多学科的研究者对产学合作的机制、模式以及发展等开展了深入讨论，并且从创新战略、知识管理等角度对产学合作进行了多方位解读。然而，鲜有研究从基础数据的生产、指标设计等角度对我国产学合作的统计体系进行系统性总结。产学合作涉及企业与高校两大研发主体，我国科技统计工作中并未将其作为直接统计对象。产学合作的统计范围与相关指标被包含在企业科技统计与高校科技统计中。

有鉴于此，本节将从国际规范出发，总结国际组织和美国等发达国家对产学合作的统计概念框架与测度方法。

一、经济合作与发展组织（OECD）的经验

为了更好地理解产学合作，首先应认识到科学在企业创新中发挥的重要作用。图9-4给出了高校以不同方式提供知识以及企业在创新过程中不同阶段对知识的需求。在创新的最初阶段，面对结果的不确定性，仅有少数企业开展研发活动。这部分企业是由一批希望将新技术或新知识商业化的研究人员共同建立的初创企业（Start-ups），也可能是成熟的企业通过获取原型与许可证的方式获取新科学知识，或通过开展合作研究、招聘来自高校的人员等方式开展新的商业活动（Spin-offs）。

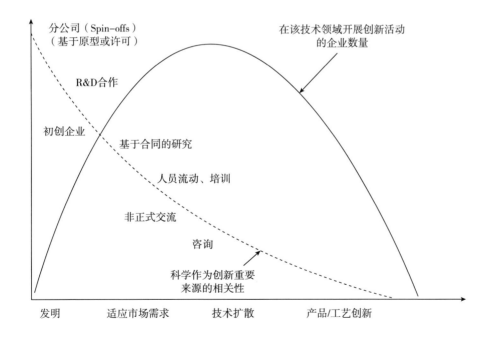

图9-4 创新周期中科学发挥的作用

注：OECD. Benchmarking Industry-Science Relations ［R］. Paris：OECD Publishing. 2002；图中虚线表示科学作为创新重要来源与企业创新表现的相关性，实线是特定技术领域开展创新活动的企业数量。

在创新周期的中后期，需根据市场需求重新设计产品，并将新技术推广到新的应用领域。这些活动需要企业与用户和供应商之间的密切互动以及企业对市场发展规律的敏锐观察，科学知识的作用相对较小。

创新经济学中大量理论与实证研究表明，企业通过建立与维持产学关系来利用科学知识将对其创新绩效产生积极影响，这一创新绩效的提升可用新产品或服务的销售份额度量（Rothwell，1992；Cohen and Levinthal，1989）。

经济合作与发展组织（OECD，2002）研究了产学合作关系及其度量，并构建了产学合作关系分析的概念模型（见图9-5）。模型主要反映了四部分内容，首先是两大主体部门：企业部门与公共研究机构，其次是企业部门与公共研究机构自身对产学合作关系形成产生影响的因素，再次是合作关系形成的三个外部需求，最后是外部环境在两部门合作过程中发挥的作用，外部环境中的机构与政策有针对性地解决合作过程中的问题或对合作给予激励。

企业的R&D规模、产业与企业组织结构、竞争与市场结构、知识吸收能力以及创新能力都将对产学合作产生影响。首先，R&D规模能够反映企业的知识储备，知识储备大的企业的搜索外部知识能力更强。其次，企业所处的行业结构与自身组织结构也与产学合作密切相关，知识密集型行业，例如，生物技术、信息技术、医药制造业等对基础研究需求高，企业将更倾向于与基础研究能力更强的高校开展合作；相反，劳动密集型行业的产学合作活动较少。在当前技术融合程度日益加深的背景下，任何企业都无法独立完成创新所需的全部技术研发活动，依靠外部力量保持竞争力是大势所趋。因此，企业所处的竞争环境以及市场状况也将影响产学合作关系形成。此外，外部知识转化为企业应用于内部创新活动所需知识还需经过吸收转化，知识吸收能力强的企业更容易从外部知识中获益，促进产学合作的良性循环。类似地，公共研究机构的R&D规模反映了其知识生产能力。大量实践表明，理工农医类学科的产学合作密度更大，而人文社科类的产学合作项目较少。与企业的知识吸收能力相对应的是公共研究机构的知识转移能力，知识转移能力越强的公共研究结构更容易与企业建立合作关系。

图9-5的模型还总结了产学合作形成的三个外部条件：一是对产学合作的认知；二是知识供给与需求；三是市场需求以及技术的发展。信任是合作的基础，企业与高校以及中介机构对产学合作的认知对合作是否可达成有重要影响。技术发展导致的知识的供给与需求变化是产学合作的内在驱动力。市场对产学合作关系建立的作用在于需求拉动，产学合作可通过联合培养、提供实习机会等方式培

养市场需要的专业型人才。

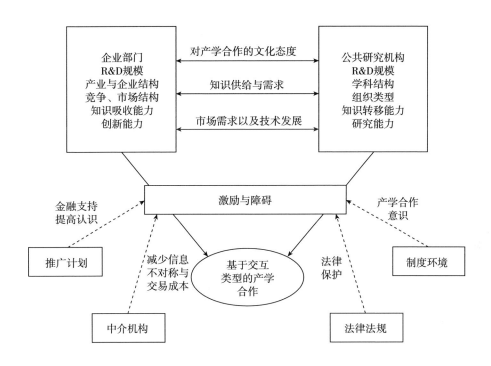

图 9-5 产学合作关系的概念模型

资料来源：OECD. Benchmarking Industry-Science Relations ［R］. Paris：OECD Publishing 2002。

在企业与高校两大主体之外，外部环境对产学合作关系形成与发展也至关重要。由于跨组织合作本身存在信息不对称、交易成本高、法律保护不健全等障碍，因此，需要中介机构、法律法规与相关制度环境的支持来推动，同时，还需要依靠宣传推广等手段，吸引外部金融支持。

在图 9-5 的概念框架下，OECD 具体讨论了产学合作的主要方式以及各方式下开展的活动。在表 9-1 产学合作方式与活动举例中列举了 OECD 提出的产学合作基本方式，包括委托研究、共同研究、技术转移、咨询服务、非正式合作情况下的知识溢出等。其中委托研究、共同研究、技术转让是与研发活动密切相关，侧重于合作投入阶段的度量。成果合作是对产学合作成果角度的度量，例如，专利联合申请、论文合著等是产学合作的产出。咨询服务、教学与培训、非正式合作的知识溢出等都是合作深度较浅的产学交流。衍生公司是一类比较特殊的产学合作形式，通常是指依靠高校研发的技术转移而衍生出来的企业。由于与高校存在密切联系的先天优势，高校衍生公司可缩减购买技术许可证的成本，并且依靠内部知识基础较为雄厚的研究力量，更容易保持其创新竞争力。然而，高校衍生企业也有其内在弊端，衍生企业的创业团队通常经营与管理能力较弱，企业在内部组织管理、外部市场开拓等方面表现欠佳。劳动力转移是立足人力资本，通过人的转移构建企业、高校之间联系的合作方式。对于蕴藏在人大脑之中，不存在有形载体与具体表达方式的"隐性知识"，只能通过人员流动实现其在高校与企业之间的转移。

表 9-1　产学合作方式与活动举例

合作方式	活动举例	合作方式	活动举例
委托研究	企业外包研究活动	衍生公司	高校衍生公司
共同研究	企业资助下的合作	成果合作	产学人员联合申请专利 产学人员合著论文 大学与产业人员的相互转移
咨询服务	提供专家意见等	劳动力转移	雇用高校毕业生 产学联合实验室
非正式合作知识溢出	大学科技园提供孵化器 产学人员的非正式合作交流 新申请专利数量	教学与培训	短期课程培训
技术转移	专利许可数量 专利转让数量 专利交易收入占比		

资料来源：OECD. Benchmarking Industry-Science Relationships［R］. Paris：OECD Publishing，2002.

　　基于以上对产学合作方式及其具体实施活动的讨论，OECD 搭建了衡量产学合作的指标体系。表 9-2 为 OECD 产学合作度量指标体系，指标体系中的各指标基本按照产学合作的不同方式进行划分设计。在研发支出量化之外，还补充了合作企业占比等数量指标，反映产学合作的企业的数量情况。在合作产出度量中，未采取精确的产学联合申请专利、合著论文等直接指标，而是用公共研究机构的专利申请量以及特许权收入占研发支出比重两类反映高校知识产权应用情况的指标。

表 9-2 经济合作与发展组织（OECD）产学合作度量指标体系

指标名称	具体含义
合作研发支出	企业对公共研究机构的融资占高校占 R&D 支出的比重
基于合同的咨询有用性	高校研究人员对企业提供 R&D 咨询的有用性
合作数量	开展创新活动的制造业企业中与高校合作的企业比重
知识来源于公共研究机构的企业占比	制造业中开展创新活动且以高校为知识来源的企业所占比重
	服务业中开展创新活动且以高校为知识来源的企业所占比重
研究人员的流动性	高校研究人员向企业流动的比例
	企业向高校人员流动比例
培训与教育	高校为企业员工开展职业培训所获收入占 R&D 支出的比重
	高校参与企业员工职业培训的人员占其 R&D 人员的比重
	高校企业实习的在读学生占总学生数比重
高校的专利应用	高校每千人专利申请量
高校的特许权收入	高校特许权收入占 R&D 支出的比重
高校的创业企业	高校每千人 R&D 人员设立的创业企业数
非正式合同下的交流	企业与高校的非正式交流次数

资料来源：OECD. Benchmarking Industry-Science Relations ［R］. Paris：OECD Publishing, 2002。

二、美国高校技术管理协会的指标体系

自 20 世纪初以来，美国就已经涌现出一批高校、企业与其他机构之间的 R&D 合作活动。"二战"后，美国学术界越来越多地开展专利生产与管理工作。1980 年通过的杜拜法案（Bayh-Dole Act, Patent and Trademark Act Amendments）对美国政府部门、企业、高校之间都建立了统一的专利制度，保障了小型企业以及非营利机构的专利占有权，例如，高校对联邦政府资金资助项目中生产的专利也有独占权。杜拜法案促进了大学的技术转移以及 R&D 合作的积极性。除了杜拜法案之外，1980 年的史蒂文森—威德勒技术与创新法案也旨在激励联邦机构实验室在运作中积极参与技术转让过程。法案要求这些机构建立专门的技术转让办公室，以协助研究人员与外部机构实现研发合作与技术交易。

美国的产学合作部分统计工作由大学技术管理协会（The Association of University Technology Managers, AUTM）完成。该协会围绕大学的研发活动提出指标衡量产学合作状况（见表 9-3）。该指标体系涉及大学、企业两大主体，具体指

标包括政府资助与企业资助的研发经费情况、高校对企业的专利转让与许可收入、产学合作论文、合作申请专利等内容。指标中除经费维度之外，还包括产学之间的人员流动情况以及高校和企业联合培养人才，例如，联合培养博士和博士后这一指标。

表 9-3　美国高校技术管理协会产学合作度量指标

指标内容	指标内容
大学 R&D 经费支出	受托研究与共同研究收入金额
联邦政府资助大学 R&D 经费占总经费比重	企业资助大学 R&D 经费占总经费比重
企业雇用毕业生数量	大学专利授权数量
科技论文产出	来自许可的新研究资助
科技专利产出	许可/优先权净值
产学合作学术论文数量	大学的发明专利数量
产学合作申请专利数量	新增美国专利申请数量
企业的专利引文比重	从许可/优先权中获得的收入
培养博士与博士后数量	新增许可/优先权数量

资料来源：Science Resource Statistics（SRS）：Science and Engineering Indicators，yearly report.

除大学技术管理协会之外，另一个负责产学合作统计的部门是美国国家科学基金会（National Foundation of Science，NFS）。该基金会中的科学资源统计部门（Division of Science Resources Statistics，DRS）开展了"工业研究与发展调查"，要求被调查公司描述其研发合作伙伴性质。

三、来自世界经济论坛的数据

世界经济论坛构建了整体竞争力指数，该指数衡量了整体 137 个经济体生产力状况及其发展前景。在竞争力指数的指标体系中，包含了产学合作强度指标（University-industry Collaboration Degree）。该数据来自问卷调查，反映在 R&D 活动中企业与高校的合作密切程度，用 1~7 的数值表示。

表 9-4 研发合作中的产学合作强度数据中的结果显示，大部分发达国家和地区产学合作强度较高，瑞士、美国、以色列等国家在研发合作中重视产学合作关系的简历。我国的产学合作强度在发达国家行列中仍较低。

表 9-4 研发合作中的产学合作强度数据 单位：项

年份 国家和地区	2007	2008	2009	2010	2011	2012	2013	2014	2015	2016	2017
瑞士	5.576	5.628	5.700	5.707	5.777	5.934	5.842	5.790	5.790	5.800	5.773
美国	5.643	5.847	5.903	5.789	5.711	5.631	5.743	5.850	5.850	5.573	5.706
以色列	5.163	4.808	4.645	5.077	5.405	5.393	5.405	5.505	5.505	5.600	5.685
芬兰	5.479	5.538	5.620	5.641	5.576	5.602	5.817	5.968	5.968	5.717	5.645
荷兰	4.961	5.121	5.152	5.186	5.325	5.296	5.250	5.380	5.380	5.500	5.567
英国	5.010	5.136	5.406	5.593	5.752	5.753	5.581	5.666	5.666	5.471	5.386
德国	5.311	5.365	5.247	5.237	5.157	5.249	5.391	5.335	5.335	5.351	5.374
新加坡	5.278	5.465	5.586	5.438	5.469	5.590	5.616	5.578	5.578	5.468	5.280
比利时	5.097	5.228	5.303	5.227	5.315	5.524	5.530	5.577	5.577	5.260	5.267
瑞典	5.554	5.559	5.550	5.544	5.518	5.415	5.339	5.327	5.327	5.160	5.242
马来西亚	4.857	4.776	4.627	4.701	4.907	4.981	5.022	5.326	5.326	5.200	5.176
卡塔尔	3.542	4.230	4.003	4.523	5.270	5.391	5.472	5.438	5.438	5.232	5.143
爱尔兰	4.817	4.940	4.956	4.973	4.956	5.096	5.195	5.243	5.243	5.111	5.043
中国香港	4.624	4.529	4.356	4.567	4.736	4.846	4.863	4.587	4.587	4.587	4.921
新西兰	4.359	4.350	4.678	4.782	4.731	4.862	4.866	4.906	4.906	4.750	4.832
卢森堡	3.589	3.869	4.678	5.062	5.025	4.992	4.902	4.903	4.903	4.650	4.814
奥地利	4.767	5.029	4.875	4.916	4.993	4.886	4.795	4.678	4.678	4.815	4.813
挪威	4.817	4.918	4.903	4.854	4.786	4.967	5.085	5.019	5.019	4.742	4.797
丹麦	5.015	5.300	5.450	5.341	5.151	4.917	4.814	4.898	4.898	4.840	4.750
冰岛	4.651	4.957	4.845	4.974	5.032	4.919	4.767	4.619	4.619	4.783	4.746
日本	4.879	4.610	4.651	4.859	5.056	5.027	4.957	5.004	5.004	4.752	4.738
加拿大	4.868	4.982	5.248	5.404	5.203	5.090	4.933	4.901	4.901	4.578	4.600
阿联酋	3.209	3.350	3.935	4.052	4.206	4.638	4.790	4.724	4.724	4.508	4.472
印度	3.513	3.598	3.800	3.738	3.818	3.849	3.995	3.871	3.871	4.536	4.435
韩国	5.368	5.066	4.563	4.681	4.660	4.705	4.677	4.616	4.616	4.360	4.420
中国	4.132	4.505	4.568	4.587	4.529	4.373	4.415	4.401	4.401	4.316	4.390

注：表中数字表示产学合作强度范围为 1~7，1=从不合作；7=合作强度很大。这里仅报告了 2017 年比中国产学合作强度高的国家。

资料来源：世界银行数据库。

四、Leiden 大学的产学合作论文发表记分牌

CWTS Leiden 排名是著名的专门利用论文发表数据研究大学排名的项目。该

项目收集了 Web of Science 数据库中的论文评价指标以及论文数量作为分析来源，评价体系包括影响力与合作能力两个方面。我们关注其中利用论文发表数据考察产学合作的研究。

CWTS 针对产学合作的具体统计范围为大学发表论文中与一个或多个企业（不包括教育行业、医疗保健行业的企业）合作的论文数量与占该大学发表论文总量的比重（产学合作强度）。将产学合作强度分为四个等级，大于 10% 的为产学合作活动强度较大，7.5%~10% 为中上水平，5%~7.5% 为平均水平，2%~5% 为中下水平，2% 以下表示产学合作强度较弱。表 9-5 中整体高校产学合作发表论文合作强度列出了产学合作活动强度较高的大学情况。表 9-6 我国高校产学合作发表论文强度列示了我国大学产学合作强度排名前 30 名的高校。整体来看，我国高校的产学合作强度相对较弱，仅排名前三的大学处于平均水平，其余大学都在整体平均水平以下。

表 9-5　整体高校产学合作发表论文合作强度

大学名称	国家	产学合作强度（%）
埃因霍温科技大学	荷兰	15.0
查尔姆斯理工大学	瑞典	13.5
东京农工大学	日本	13.4
代尔夫特理工大学	荷兰	13.4
大阪府立大学	日本	13.0
丹麦技术大学	丹麦	12.6
高等科学技术研究所	日本	12.1
KTH 皇家理工学院	瑞典	12.0
伦斯勒理工学院	美国	11.9
东京工业大学	日本	11.5
东京理科大学	日本	11.5
浦项科技大学	韩国	11.4
早稻田大学	日本	11.4
布达佩斯赛梅维什医科大学	匈牙利	11.3
克兰菲尔德大学	英国	11.0
阿尔托大学	芬兰	10.8
西江大学	韩国	10.6

续表

大学名称	国家	产学合作强度（%）
格勒诺布尔理工学院	法国	10.6
信州大学	日本	10.5
韩国高等科学技术研究院	韩国	10.3
东北大学	日本	10.2
格拉茨技术大学	奥地利	10.2

注：这里仅报告了产学合作发表论文强度超过10%的大学。

表9-6　我国高校产学合作发表论文强度

大学名称	产学合作强度（%）	大学名称	产学合作强度（%）
中国药科大学	6.7	香港中文大学	3.2
中国地质大学	6.1	中国农业大学	3.1
北京化工大学	5.1	西安交通大学	3.1
北京邮电大学	4.8	南京航空航天大学	3.0
天津大学	4.4	中国电子科技大学	3.0
香港科技大学	4.1	华南理工大学	3.0
清华大学	4.0	华东理工大学	3.0
东北大学	3.9	香港大学	2.9
北京科技大学	3.7	西北工业大学	2.9
上海大学	3.7	北京大学	2.9
上海交通大学	3.7	浙江大学	2.8
浙江工业大学	3.3	重庆大学	2.8
复旦大学	3.3	首都医科大学	2.8
中国协和医科大学	3.2	香港城市大学	2.8
北京工业大学	3.2	中南大学	2.7

五、中国产学合作统计体系

我国官方统计中尚未建设产学合作统计的顶层设计，也没有建立专门针对产学合作统计的统计体系。产学合作统计数据来自若干涉及该领域统计指标的官方统计。本节以下对我国产学合作统计现状与数据来源做简要总结，为后续知识存量测算以及经济效应研究奠定基础。

（一）产学合作与研发统计

产学合作包括企业与高校两个主体，两者的合作关系可通过企业科技统计与高校科技统计两个方面反映。以下简要介绍企业与高校科技统计中与产学合作相关的调查制度与指标设计。

高校科技统计的主要内容包括科技活动人力资源、科技活动经费来源与支出情况以及科技活动产出与技术转让情况。高校的技术转让是反映产学合作关系的重要渠道。具体指标有高校与企业签订的技术转让合同数、合同金额以及技术转让实际收入。高校科技统计还给出了该高校技术接受企业的类型分布（国有企业、民营企业、外资企业及其他）、学校类型（综合大学、工科院校、农林院校、医药院校、师范院校及其他）以及分区域高校的技术转让情况。此外，高校的科技经费来源中来自企业的部分也能够部分反映企业与高校的研发合作状况。

表9-7给出了2015年我国技术转让收入及占比较高的院校，结果显示技术转让在高校中非常集中，881所本科院校中技术转移收入排名前30的院校技术转让累计比重已达到72.81%。从技术接收企业来看，国有企业与外资企业是与高校合作的主要企业类型。从开展技术转让的大学类型来看，首先是工科院校的技术转让强度最高，其次是综合大学，这体现了产学合作的学科选择特征，在工科院校中产学合作情况更多（见图9-6）。

表9-7　2015年我国高校技术转让收入及占比

排名	大学名称	技术转移收入（万元）	所占比重（%）	累计比重（%）
1	清华大学	50053	21.4515	21.4515
2	北京理工大学	16386	7.0226	28.4741
3	扬州大学	8261	3.5405	32.0146
4	西安工业大学	6621	2.8378	34.8524
5	太原理工大学	5642	2.4181	37.2705
6	福建农林大学	5222	2.2379	39.5084
7	四川大学	4829	2.0696	41.5779
8	重庆理工大学	4674	2.0031	43.5811
9	西安石油大学	4570	1.9585	45.5395
10	华南理工大学	4507	1.9316	47.4711
11	东北大学	4400	1.8858	49.3569
12	北京工业大学	4129	1.7696	51.1264
13	安徽农业大学	4100	1.7572	52.8836

续表

排名	大学名称	技术转移收入（万元）	所占比重（%）	累计比重（%）
14	南开大学	3751	1.6078	54.4914
15	南方医科大学	3746	1.6055	56.0968
16	中国科学技术大学	3586	1.5369	57.6337
17	南京航空航天大学	3573	1.5315	59.1652
18	华中师范大学	3298	1.4135	60.5787

注：受篇幅所限，仅列出前18位。

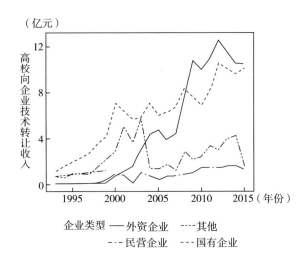

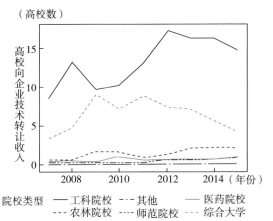

图9-6 我国高校对企业转让获得收入状况

企业科技统计涉及的指标与数据问题已有研究开展了细致讨论（高敏雪等，2016[①]）。企业科技统计中涉及产学合作的指标为企业对高校的研发经费支出，反映企业与高校联合开展研发活动或委托高校开展研发活动的经费支出。当前我国科技统计给出了该合作研发经费支出的区域及行业分布。表9-8显示了2015年我国产学合作研发经费支出较高的行业，从表中可以看出，有较明显的行业集聚现象，产学合作经费支出较多的行业特征为偏向知识密集型，例如，医药制造业、运输设备制造业、电气机械和器材制造业以及化学原料和化学制品制造业。表9-9给出了2015年我国各地区产学合作研发经费支出情况，从表中可以看出，45%的区域拥有80%以上的总经费支出。

表9-8　2015年我国产学合作研发经费支出较高的行业

行业名称	外部支出金额（万元）	累计占比（%）
医药制造业	69778.3	9.74
化学原料和化学制品制造业	60469.0	18.18
电气机械和器材制造业	48852.6	25.00
农副食品加工业	47620.0	31.65
铁路、船舶、航空航天和其他运输设备制造业	45254.4	37.97
通用设备制造业	42677.5	43.92
有色金属冶炼及压延加工业	37395.3	49.14
黑色金属冶炼及压延加工业	37214.8	54.34
煤炭开采和洗选业	36568.9	59.44
专用设备制造业	31499.6	63.84
汽车制造业	31317.8	68.21
石油和天然气开采业	30907.6	72.53
计算机、通信和其他电子设备制造业	28185.5	76.46
电力、热力生产和供应业	25484.1	80.02

表9-9　2015年我国各地区产学合作研发经费支出

地区	合作研发经费支出（万元）	累计占比（%）	地区	合作研发经费支出（万元）	累计占比（%）
山东	135123.2	18.67	天津	16167.5	87.96
江苏	107349.8	33.50	黑龙江	13155.2	89.78

[①]　高敏雪等（2016）的研究分析了企业研发投入数据的政府统计、企业会计来源，将两大数据形成过程做系统比较，并延伸到国民经济核算的处理方式。该项研究深入探究了当前我国企业研发投入数据的产生、精度以及口径。

续表

地区	合作研发经费支出（万元）	累计占比（%）	地区	合作研发经费支出（万元）	累计占比（%）
浙江	40232.2	39.06	重庆	12739.4	91.54
四川	35391.6	43.94	吉林	9426.4	92.84
安徽	31988.8	48.36	江西	9370.0	94.14
河南	30602.2	52.59	内蒙古	7685.1	95.20
河北	29761.3	56.70	云南	7547.0	96.24
广东	27221.7	60.46	北京	7409.3	97.27
湖南	27188.0	64.22	贵州	6551.6	98.17
甘肃	27129.2	67.97	广西	4872.2	98.84
辽宁	24114.0	71.30	新疆	4122.2	99.41
湖北	23598.5	74.56	宁夏	2529.2	99.76
陕西	21959.8	77.59	青海	918.5	99.89
福建	21273.3	80.53	海南	583.2	99.97
上海	21187.6	83.46	西藏	220.4	100.00
山西	16442.6	85.73			

（二）产学合作与创新合作统计

科技统计中度量的产学合作内容仅限于研发合作与技术交易。在更宽广的创新范畴讨论产学合作关系，应当将其定位于创新合作（Cooperative Innovation）。创新合作是指企业与其他组织机构的联合创新活动，新想法、新产品、新工艺或商业化等创新过程的任何一个环节的合作都可视为创新合作。高校是企业创新合作中的横向合作伙伴[1]，从创新合作统计中也可一窥产学之间的关系。

相比科技统计，我国创新调查开展时间较短。2007 年我国首次实施了全国范围内工业企业创新调查。该调查摸清了当时我国工业企业技术创新活动基本情况，为评价我国自主创新能力以及为政府制定和完善创新政策提供了基础数据。2012 年，党中央、国务院召开了全国科技创新大会，印发了《关于深化科技体制改革加快国家创新体系建设的意见》（中发〔2012〕6 号），明确提出建立全国创新调查制度。2017 年国家统计局、科技部联合发布了《国家创新调查制度实施办法》，为创新调查提供了顶层设计方案。

---

[1]　经济合作与发展组织（OECD）出版的《奥斯陆手册》将企业的创新合作对象归纳为垂直方向伙伴与水平方向伙伴，前者指供应商、客户与消费者，后者指高校、科研院所与作为竞争对手的其他企业等。

我国国家统计局从 2016 年起对全国企业创新情况开展年度调查。调查范围为创新活动相对密集的行业。在企业创新调查中，专门针对产学合作的指标为"开展产学合作的企业占全部企业的比重"等，但部分指标无法区分"产学合作"与"产学研合作"的不同。

为了反映产学合作的经济效应，我们试图对比开展产学合作与未开展产学合作的企业的创新情况。2018 年，科技部发布了《企业创新活动特征经济分析报告 2016》（以下简称科技部报告），对已开展和未开展产学合作的企业创新活动特征进行了对比，然而其仅考察了"产学研合作"的结果，而未进一步给出"产学合作"的相关数据。本书在此对这一"产学研合作"经济效应数据进行分析，为"产学合作"发挥重要经济效应提供一些证据。科技部报告指出，2016 年，我国开展产学研合作的企业占全部有创新合作的企业的 39.2%，其中与高等学校合作的企业占有创新合作企业的 31.5%，可见产学合作是产学研合作中最重要的组成部分。数据还显示，开展创新合作的企业特别是开展产学研合作企业的创新产出能力更强。以规模以上工业企业为例，2016 年，在开展技术创新活动的规模以上工业企业中，有创新合作的企业平均每家实现新产品销售收入 1.6 亿元，是未开展创新合作企业的 3.2 倍；进行产学研合作的企业平均每家实现新产品销售收入 2.5 亿元，是未开展创新合作企业的 4.8 倍[1]。在以新产品销售收入作为创新产出度量的情境下，这一数字显示了产学研合作（包含产学合作）在促进企业创新绩效中发挥的重要作用。这一结果也为后续本书实证检验得到的产学合作提升企业创新绩效的结论提供一些佐证。

（三）产学合作与技术市场统计

自 1992 年出现产学合作以来，我国已初步形成了较完善的技术交易市场[2]。

---

① 2018 年科技部发文（索引号：306-32-2018-570），标题为《2016 年我国企业创新活动特征统计分析》。这里仅给出了产学研相关数据，未能剥离产学合作，数据仅作为产学合作的参考。

② 技术交易市场能够全面反映产学合作以委托研发、联合研发形式签订的技术开发合同情况以及以技术转让形式签订的技术转让合同状况，通过对技术开发合同、技术转让合同的记录，能够得到更多的微观数据用于产学合作研究。然而，受数据可得性限制，本书无法获得技术交易市场的微观数据，因此在实际研究过程中，本书选择研发投入统计中记录的企业对高校的研发经费支出、高校对企业的技术转让收入数据作为主要指标对产学合作进行讨论。研发投入统计中记录的企业对高校的研发经费支出数据反映的是企业委托高校研发或与高校合作研发的经费支出情况，即技术开发合同相关金额，而高校技术转让收入中记录的是技术转让合同的金额。此外，本书还从产出角度考虑，分析产学专利合作数据作为补充。由于我国技术交易市场尚处于不断完善阶段，其数据质量还有待验证，而研发投入统计以及知识产权统计内容相对稳定，这也是本书在选择研究数据时考虑到的问题。

当前该市场已有较完善的由法律、法规和部门规章构成的制度体系①、多部门合作的市场管理体系以及金融、中介等广泛社会力量参与的服务体系。自 2009 年以来我国技术市场成交额不断攀升，成交额占 GDP 比重也逐步增加（见图 9-7）。随着技术市场的规范发展，其交易信息为研究技术发展、产学合作等提供了丰富的数据来源。科技部是我国技术市场的管理部门，同时也负责联合各级部门开展技术市场统计工作。我国的技术市场统计旨在反映市场发展的基本情况、整体规模与结构特征三方面内容。当前技术市场上主要存在技术开发、技术转让、技术咨询与技术服务四大交易类型。交易主体包括企业、高校、科研院所，其中企业同时是最大的技术输出方与吸纳方。从技术领域构成来看，交易额最大的技术领域是电子信息技术，在技术交易额上遥遥领先，反映了我国当前活跃的互联网经济发展对技术的需求。先进制造技术、城市建设与社会发展、新能源与高效节能、现代交通等技术密集型领域的技术交易额也排在前列（见图 9-8）。

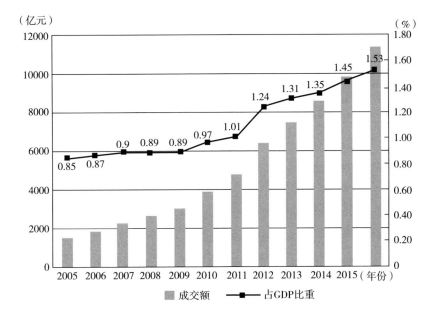

图 9-7　我国技术市场成交额及占 GDP 比重

---

① 例如，2017 年国务院关于印发的《国家技术转移体系建设方案》（国发〔2017〕44 号）。2018 年科技部印发的《关于技术市场发展的若干意见》（国科发创〔2018〕48 号）等。

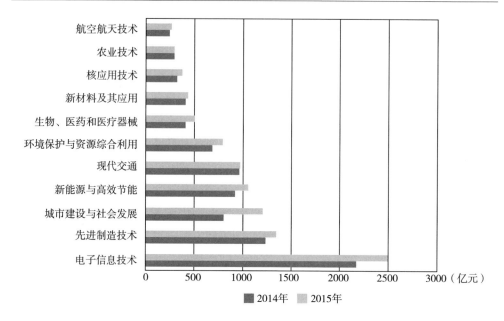

图9-8 我国技术市场各领域交易额情况

技术市场交易数据能够准确反映各主体之间的交易情况，企业与高校之间的技术交易体现两者的合作关系。当前公开统计资料《全国技术市场统计报告》中未纳入产学合作关系的数据，仅有分企业、高校等主体的分析。数据显示，2015年，高校共签订技术合同57081项，较2014年增长2717项。高校的技术合同成交额达到313亿元。

（四）产学合作与专利大数据

专利是产学合作产出的重要表现形式。产学合作的主要形式有合作研发与技术交易，基于合作关系的专利合作方式有联合申请、转让或许可专利技术，构建专利联盟等。合作研发涉及多个创新主体针对同一合作项目开展研发，因此可能产生联合申请专利。技术交易合作形式下涉及高校对企业的专利转让或专利许可。

专利数据同时包含技术、法律和商业等多方面信息，具有天然的情报属性。然而，面对专利数据的海量属性，传统统计方法在分析时将遇到一些困难。大数据时代的技术发展的到来为专利大数据与其他经济社会数据跨界融合，扩展自身应用范围，提升自身价值提供了机遇。专利数据与其他信息进行匹配，为创新与经济发展提供决策支持。国外在对专利大数据的开发上已有一些有益探索，例如，美国IPIQ公司结合专利数据与道琼斯金融数据构建综合指数，对各行业企业的技术强度进行比较排名，为行业股票投资人提供投资建议。在企业估值预测方面，美国 Ocean Tomo 公司构建的 OT 300 指数在对上市公司进行估值时，纳入其专利价值、财务状况等维度指标。

我国专利统计工作主要由国家知识产权局负责。专利相关信息都可以在国家知识产权局专利服务平台中获得。除此之外，还有大量企业性质的专利服务平台，例如，万象云、智慧芽、Soopat 等提供专利检索、定制化分析等服务。

一项专利的最基本信息体现在其著录项中，包括专利名称、发明人姓名、申请人姓名、申请人地址以及专利的 IPC[①] 分类。著录信息提供了区域、技术领域以及申请人、发明人的机构与个人资料，这些信息与其他经济社会数据密切相关。例如，专利数据与产业、技术领域的关系通过 IPC 分类号表现。除著录信息外，专利的转让、实施许可等法律状态变化、专利的引用与被引等信息在反映技术关联、演变与融合、机构合作之间都发挥着重要作用。

根据国家知识产权局的统计，截至 2016 年底我国国内发明专利拥有量已达到 110.3 万件，这一数字仅低于美国和日本。《2017 年整体创新指数》报告中显示，我国知识产权相关指标排名继续攀升，且在本国人专利、实用新型、工业品外观设计申请量三项指标上位列第一。从专利生产主体来看，企业是专利创造的主力，发明专利中企业申请与授权比例均占 60% 以上；从 IPC 分类角度来看，我国专利申请分布，2016 年医学、兽医学与卫生学这一领域的专利占比最高，电信技术、基本电器元件、家具家庭日用品或设备以及测量测试等类别的专利也较为密集。表 9-10、表 9-11 分别列出了我国当前三种专利受理、授权与有效累计数据以及专利申请的 IPC 分类分布。

表 9-10　国内三种专利受理、授权与有效累计状况

	发明		实用新型		外观设计	
	数量（万件）	占比（%）	数量（万件）	占比（%）	数量（万件）	占比（%）
受理量	485.36	29.42	657.67	39.87	506.65	30.71
授权量	116.20	12.27	492.62	52.04	337.81	35.69

---

① IPC 是指按《国际专利分类表》（International Patent Classification）对专利的统一分类，包括八个，若干大类与小类。具体为：A. 人类生活必需；B. 作业、运输；C. 化学、冶金；D. 纺织、造纸；E. 固定建筑物；F. 机械工程、照明、加热、武器、爆破；G. 物理；H. 电学。

续表

	发明		实用新型		外观设计	
	数量（万件）	占比（%）	数量（万件）	占比（%）	数量（万件）	占比（%）
有效量	91.99	19.20	270.10	56.38	117.03	24.42

注：数据期间为1985年4月至2015年12月。有效量是存量数据，指报告期末处于专利权维持状态的案卷数量；受理量和授权量是流量数据。

资料来源：国家知识产权局专利年报。

表9-11　2015年、2016年中国专利申请IPC分类分布

IPC大类	占比（%）	IPC大类	占比（%）
医学兽医学卫生学	6.67	医学兽医学卫生学	9.33
测量、测试	5.42	电信技术	5.72
基本电器元件	4.15	基本电器元件	5.03
输送、包装、存储、搬运	3.99	家具家庭日用品或设备	4.69
计算、推算、计数技术	3.64	测量、测试	4.04
家具家庭日用品或设备	3.44	工程元件或部件	3.46
工程元件或部件	3.41	计算、推算、计数技术	3.37
农林牧渔	3.39	农林牧渔	2.92
电信技术	3.35	采暖、炉灶、通风	2.80
电力的发电变电或配电	3.20	输送、包装、存储、搬运	2.74

高被引数量能够体现专利价值的大小。对2016年专利的被引情况进行统计发现，中国石油化工股份有限公司、中兴通讯股份有限公司两个企业专利被引分别占据第一、第二位以外，其余专利被引排名前十的机构都为大学，反映了大学申请专利在我国技术发展中发挥的重要作用。通信、化工、材料等是高被引专利较为集中的领域（见表9-12）。

表9-12　2016年中国基于专利被引次数的申请机构排名

申请人	次数	技术领域
中国石油化工股份有限公司	178	化工、石油、高分子
中兴通讯股份有限公司	148	通信、数字处理

续表

申请人	次数	技术领域
清华大学	143	化工、无机化学、计算机技术、电气元件
浙江大学	129	通信、计算机、化学工程、电气元件
华为技术有限公司	93	通信、计算机
北京航空航天大学	91	测量、计算机、发动机
上海交通大学	79	控制、发电、变电、计算机、测量
华南理工大学	77	高分子、生物化学、涂料、材料、冶金
东南大学	73	测量、发电、变电、材料、冶金、化工
哈尔滨工业大学	66	水处理、发变电、材料、机床、机器工具

（五）产学合作统计指标体系

本章在前几节分析中总结了我国当前产学合作相关统计指标、数据来源，并针对各类官方统计中涉及产学合作的数据开展了描述性分析。为了更加系统地考察产学合作统计体系，本节尝试将几个角度的统计指标进行归纳，构建我国产学合作统计指标体系。

本书从两个维度归纳产学合作统计体系：主体与合作类型。主体角度区分企业、高校，合作类型角度区分研发投入合作、创新合作、技术市场合作、人才市场合作以及知识产权合作，其中研发合作是从产学合作经费收入与支出角度对合作关系进行度量，而创新调查则关注进行不同类型产学合作的企业数量及其占企业总数的比重。技术市场角度是对产学技术转让合同金额进行统计。知识产权统计是从产出角度对产学合作关系进行的度量，常见的知识产权度量有专利与论文。

具体地，在研发合作中，反映产学合作的指标是企业的经费支出以及高校研发经费中来自企业的部分。在更广范围的创新合作中，可以追踪到与高校开展创新合作的企业比重以及通过共同完成科研项目方式、建立科研机构方式开展创新合作的企业比重。一般情况下，产学合作的达成需要签订技术合同，因此技术市场的技术交易数据能够反映产学合作状况。我国技术市场交易数据能够反映企业购买外部技术支出以及企业签订技术合同数，高校方面同样可以记录高校签订技术转让合同数以及高校的技术转让收入。在人才市场方面，企业聘用高校人员兼职、高校毕业生入职企业的人力资本流动能够反映企业与高校之间的人才合作。

知识产权合作是对产学合作产出维度的度量，主要包括专利以及非专利论文合作，合作方式包括引用、联合申请以及联合发表等，具体指标如表9-13所示。

表9-13　中国产学合作统计指标体系

主体＼角度	研发合作	创新合作	技术市场	人才市场	知识产权
企业	企业对高校的研发经费支出	与高校开展创新合作的企业占全部企业的比重	企业签订技术购买合同数	开展产学创新的企业中聘用高等学校人员兼职的企业所占比重	企业对高校专利文献的引用
		产学合作企业中与企业共同完成科研项目的企业占比	企业购买高校技术支出		企业对高校非专利文献的引用
					企业与高校联合申请专利
		产学合作企业中在企业或高校设立研发机构的占比			企业与高校科研论文合作
					高校对企业的技术转让
高校	高校来自企业的研发经费		高校签订技术转让合同数	高校毕业生流向企业数	高校对企业的专利转让
			高校对企业的技术转让收入		高校对企业的专利实施许可

与国际经验相比，当前我国主要针对企业与高校的正式合作进行了统计，而对于咨询、会议等非正式合作情形未进行考察。此外，正式合作也尚缺乏共建实体、产业联盟等更复杂、更高级形式合作的统计度量。

第十章　结论与展望

第一节　研究结论

产学合作是区域创新系统中重要的协同创新主体，也是开放式创新背景下，企业积极选择的创新合作模式。我国产学合作实践已有近30年历史，越来越多的成果证明产学合作在提升企业、区域乃至国家创新绩效中所发挥的重要作用。在创新驱动的新经济环境中，知识是提高生产力的第一要素，因而合理测算产学合作知识存量将为产学合作研究提供宏观数据基础，并且能够在生产函数框架下讨论产学合作的经济效应。鉴于此，本书以产学合作为研究对象，从概念界定、统计体系构建、知识存量测算以及经济效应分析几个方面，对我国产学合作开展了系统性研究。在研究过程中，本书综合运用了工业企业宏观数据以及产学专利合作微观数据，并基于国民经济核算、计量建模以及社会网络分析与知识图谱等分析方法对不同数据与问题展开研究。

本书从创新主体、知识耦合与合作关系三个角度全面界定产学合作的基本概念，将本书所讨论的对象限定于高校与企业之间开展的关联型与交易型合作活动，具体包括合作研发与技术转让两类。为了厘清产学合作相关数据来源、指标及统计范围，对研发投入统计、企业创新调查、技术市场统计以及知识产权统计等若干官方统计中涉及产学合作数据的内容进行归纳总结，并在此基础上，基于我国现状初步构建了产学合作统计体系，为后续知识存量测算奠定了数据基础。本书研究的主要结论有以下六点：

（1）我国产学合作知识存量的体量不大，但增长速度较快，是协同创新体系中最活跃的力量。围绕空间分布特征的分析发现，产学合作知识存量有明显的区域集聚现象，73%以上的知识存量集中在山东、江苏、北京、广东等13个省份。各区域呈现出知识喷泉、知识海绵、知识中介与知识孤岛的异质表现。北京是典型的知识喷泉型城市，高校技术转让实力雄厚，向全国输送技术知识。山东是典型的知识海绵型地区，合作研发知识存量远远高于其他地区，即企业更多地与其他地区开展产学合作，吸收外部知识，但山东自身的技术转让水平较弱。江苏在合作研发与技术转让方面都表现良好，一方面区域内企业与外部高校联系，另一方面也积极将自身知识扩散出去，与外部建立更多联系，因此是知识中介类地区。而新疆、贵州、云南等地产学合作的两种联系较弱，表现为知识孤岛。行业角度的初步分析结果可知，"知识依赖"型行业更有动力开展产学合作。存量测算结果表明，交通运输设备制造业、医药制造业、化学原料和化学制品制造业以及计算机、通信和其他电子设备制造业等技术密集行业的产学合作知识存量较大。

（2）产学联合申请网络呈现边缘融合趋势，网络连通性加强，但转让与许可网络仍表现为较强的"分散化"格局。联合申请网络中高校节点的合作活跃度较强，企业节点有更强的控制力。进一步地，本章通过技术共现网络与区域合作网络讨论了产学合作中的知识流动状况。结果发现：①产学专利合作具有明显的技术领域选择特征，各领域知识吸收、扩散能力差异较大，但在不同合作形式间表现较为统一；②联合申请网络各省市的合作深度与广度较强，而专利转让与许可网络区域合作仍有待提高。区域合作程度差异导致各省市的知识扩散与吸收能力有异质性表现。

（3）本书揭示了产学合作创新群落的显式结构和动态特征系。结果表明，中国产学创新群落呈现单中心和多中心两种典型结构，并正在从"本地化"向"专业化"发展。采用群落成员流动来测度群落动态演化，发现我国产学创新群落的动态特征。通过将社交网络机制映射到群落生成、进化和知识转移中来推进创新群落理论，进而为从事知识商业化和创新的产学创新群落利益相关者和从业者提供重要借鉴。

（4）通过构建动态面板模型进行实证研究。结果表明，产学合作知识存量显著提升了所在区域企业的创新产出，但同时对企业自主研发存在"挤出效应"，若干稳健性检验也证实了这一结论。通过区域异质分析结果发现：①研发强度高的区域产学合作的创新效应更强，显示了吸收能力对产学合作创新效应的重要影响；②随着产学合作程度加深，其对内部研发的挤出效应也随之加强。

（5）基于面板平滑转换模型对吸收能力的调节作用及产学合作创新效应的

非线性特征进行实证分析。结果表明：①产学合作知识存量显著提高了大中型工业企业的创新产出并对其存在非线性影响。②企业吸收能力对产学合作的创新效应存在调节作用。其中先验知识掌握能力的非线性调节作用不显著，与产学合作形成"挤出关系"；消化吸收能力与技术改造能力的非线性调节作用显著，且随着两者增强，产学合作创新效应出现攀升，尤其是技术改造能力使得该创新效应跨越了不显著到显著的边界。本书分析了创新政策中连接性政策、管理政策与规划政策的政策效果，实证检验了其对产学合作创新效应产生的影响。结果表明，连接性政策能够促进产学合作创新效应，但随着政策力度增强，该调节作用边际递减。管理政策与规划政策的调节效应呈现非单调曲线分布，即跨越临界点之后，将会减弱产学合作对企业创新绩效的提升。

（6）跨区域的产学合作知识溢出对后发地区产学合作创新绩效的提升作用大于其区域内知识存量，说明跨区域知识溢出带来的外部知识对后发地区实现创新追赶更有利。由于产学合作网络呈现一定程度上的"中心—边缘格局"，创新前沿地区处于网络中心，后发地区分布在边缘，形成若干"强—弱"联结的子网络。将溢出范围缩窄到前沿地区与后发地区之间发现，相对于整体网络而言，连通性更好的"强—弱"网络子群引致的知识溢出有更高的创新效应。

第二节 研究展望

尽管本章试图基于对产学合作知识存量的测算，全面、系统地考察产学合作的创新效应，但受到统计基础、数据可得性等因素限制，本书依然存在较多有待完善之处，也是未来研究中值得关注的方向。

第一，受数据可获得性限制，本书仅考察了技术转让、联合研发两种产学合作模式下积累的知识存量，因此对产学合作知识存量存在低估。当前产学合作模式越来越复杂，产学联盟、共建实体等形式下的合作资金、知识流向有待调研与深入分析。在未来研究中，可通过更多机制研究与多种数据来源对其他模式的产学合作知识生产与积累过程进行讨论，使该知识存量拥有更高精度。

第二，本章仅在区域层面对产学合作的创新效应进行了多角度实证分析，并未涉及来自行业层面的证据。在此后研究中，应当更深入地讨论产学合作的行业选择特征，对我国各行业产学合作知识存量及其经济效应进行深入分析。产学合作有明显的行业选择特征，在行业层面对产学合作进行研究能够反映不同行业的发展状况，推进创新发展。行业层面的产学合作知识存量测算方法还有待进一步完善，各项技术参数选择与不同行业的折旧模式选择等都有待深入讨论与分析。

第三，本书对产学专利合作数据的开发还未涉及专利引证情况。专利引证是揭示产学合作技术趋势、技术功效等内容的重要数据来源，是反映专利质量的重要指标之一。在未来研究工作中可关注产学专利引文数据的开发与分析。

第四，产学合作侧重企业的技术创新环节，事实上，企业创新还包括投入生产、市场应用等环节，在非研发环节开展的创新合作也是提升其创新绩效的重要方式。因此，基于本章对产学合作的讨论，还可扩展到企业与竞争者、供应商、用户等的合作关系研究。

参考文献

[1] Agrawal A K. University-to-Industry Knowledge Transfer: Literature Review and Unanswered Questions [J]. International Journal of Management Reviews, 2001, 3 (4): 285-302.

[2] Ahuja G. Collaboration Networks, Structural Holes, and Innovation: A Longitudinal Study [J]. Administrative Science Quarterly, 2000, 45 (3): 425-455.

[3] Aiken L S, West S G, Reno R R. Multiple Regression: Testing and Interpreting Interactions [M]. Newbury Park, Ca: Sage, 1991.

[4] Alexander A, Martin D P, Manolchev C, Miller K. University – Industry Collaboration: Using Meta – Rules to Overcome Barriers to Knowledge Transfer [J]. The Journal of Technology Transfer, 2020, 45 (2): 371-392.

[5] An X, Deng H, Chao L, Bai W. Knowledge Management in Supporting Collaborative Innovation Community Capacity Building [J]. Journal of Knowledge Management, 2014, 18 (3): 574-590.

[6] Ander R. Match Your Innovation Strategy to Your Innovation Ecosystem [J]. Harvard Business Review, 2006, 84 (4): 98-107.

[7] Arrow K J. The Economic Implications of Learning By Doing [J]. The Review of Economic Studies, 1962, 29 (3): 155-173.

[8] Audretsch D B, Feldman M P. Knowledge Spillovers and the Geography of Innovation [J]. Handbook of Regional and Urban Economics; 2004 (4): 2713-2739.

[9] Bartel A P. Productivity Gains form the Implementation of Employee Training Programs [J]. Industrial Relations: A Journal of Economy and Society, 1994, 33 (4): 411-425.

[10] Beaudry C, Breschi S. Are Firms in Clusters Really More Innovative? [J]. Economics of Innovation and New Technology, 2003, 12 (4): 325-342.

［11］ Bell G G. Clusters, Networks, and Firm Innovativeness ［J］. Strategic Management Journal, 2005, 26 （3）: 287-295.

［12］ Berchicci L. Towards an Open R&D System: Internal R&D Investment, External Knowledge Acquisition and Innovative Performance ［J］. Research Policy, 2013, 42 （1）: 117-127.

［13］ Bercovitz J, Feldman M. Entrepreneurial Universities and Technology Transfer: A Conceptual Framework for Understanding Knowledge-Based Economic Development ［J］. The Journal of Technology Transfer, 2006, 31 （1）: 175-188.

［14］ Blondel V D, Guillaume J-L, Lambiotte R, Lefebvre E. Fast Unfolding of Communities in Large Networks ［J］. Journal of Statistical Mechanics: Theory and Experiment, 2008 （10）: 10008.

［15］ Blundell R, Bond S. Initial Conditions and Moment Restrictions in Dynamic Panel Data Models ［J］. Journal of Econometrics, 1998, 87 （1）: 115-143.

［16］ Bontis N. Intellectual Capital: An Exploratory Study that Develops Measures and Models ［J］. Management Decision, 1998, 36 （2）: 63-76.

［17］ Bover O, Arellano M. Estimating Dynamic Limited Dependent Variable Models form Panel Data ［J］. Investigaciones Economicas, 1997, 21 （2）: 141-165.

［18］ Brooking A., Intellectual Capital: Core Asset for the Third Millennium Enterprise ［M］. New York: International Thomson Business Press, 1996.

［19］ Bruneel J, D'Este P, Salter A. Investigating the Factors that Diminish the Barriers to University-Industry Collaboration ［J］. Research Policy, 2010, 39 （7）: 858-868.

［20］ Cassiman B, Veugelers R. In Search of Complementarity in Innovation Strategy: Internal R&D and External Knowledge Acquisition ［J］. Management Science, 2006, 52 （1）: 68-82.

［21］ Castellani D, Jimenez A, Zanfei A. How Remote are R&D Labs? Distance Factors and International Innovative Activities ［J］. Journal of International Business Studies, 2013, 44 （7）: 649-675.

［22］ Chapple W, Lockett A, Siegel D, Wright M. Assessing the Relative Performance of UK University Technology Transfer Offices: Parametric and Non-Parametric Evidence [J] . Research Policy, 2005, 34 (3): 369-384.

[23] Chesbrough H W. Appleyard M M. Open Innovation and Strategy [J] . California Management Review, 2007, 50 (1): 57-76.

[24] Chesbrough H W. Open Innovation: The New Imperative for Creating and Profiting form Technology [M] . Boston, MA: Harvard Business Press, 2003.

[25] Chesbrough H W. Vanhaverbeke W, West J. New Frontiers in Open Innovation [M] . New York: Oxford University Press, 2014.

[26] Chesbrough H W. Vanhaverbeke W, West J. Open Innovation: Researching a New Paradigm [M] . New York: Oxford University Press, 2008.

[27] Cohen W M, Levinthal D A. Innovation and Learning: The Two Faces of R&D [J] . The Economic Journal, 1989, 99 (397): 569-596.

[28] Cohen W M, Nelson R R, Walsh J P. Links and Impacts: The Influence of Public Research on Industrial R&D [J] . Management Science, 2002, 48 (1): 1-23.

[29] Colombelli A, De Marco A, Paolucci E, Ricci R, Scellato G. University Technology Transfer and the Evolution of Regional Specialization: The Case of Turin [J] . The Journal of Technology Transfer, 2021 (46): 933-960.

[30] Cooke P. Regional Innovation Systems: Competitive Regulation in the New Europe [J] . Geoforum, 1992, 23 (3): 365-382.

[31] Corrado C, Hulten C, Sichel D. Intangible Capital and US Economic Growth [J] . Review of Income and Wealth, 2009, 55 (3): 661-685.

[32] Dahlander L, Frederiksen L. The Core and Cosmopolitans: A Relational View of Innovation in User Communities [J] . Organization Science, 2012, 23 (4): 988-1007.

[33] Darling N, Steinberg L. Parenting Style as Context: An Integrative Model [J] . Psychological Bulletin, 1993, 113 (3): 487-496.

[34] De Noni I, Orsi L, Belussi F. The Role of Collaborative Networks in Supporting the Innovation Performances of Lagging-Behind European Regions [J]. Research Policy, 2018, 47 (1): 1-13.

[35] De Vasconcelos Gomes L A, Facin A L F, Salerno M S, Ikenami R K. Unpacking the Innovation Ecosystem Construct: Evolution, Gaps and Trends

[J]. Technological Forecasting and Social Change, 2018 (136): 30-48.

[36] Dhanaraj C, Parkhe A. Orchestrating Innovation Networks [J]. Academy of Management Review, 2006, 31 (3): 659-669.

[37] Dyer J H, Nobeoka K. Creating and Managing a High-Performance Knowledge-Sharing Network: The Toyota Case [J]. Strategic Management Journal, 2000, 21 (3): 345-367.

[38] Edvinsson L, Sullivan P. Developing a Model for Managing Intellectual Capital [J]. European Management Journal, 1996, 14 (4): 356-364.

[39] Escribano A, Fosfuri A, Tribó J A. Managing External Knowledge Flows: The Moderating Role of Absorptive Capacity [J]. Research Policy, 2009, 38 (1): 96-105.

[40] Etzkowitz H, Leydesdorff L. Introduction to Special Issue on Science Policy Dimensions of the Triple Helix of University – Industry – Government Relations [M]. London: Cassell Academic, 1997.

[41] European Commission. Directorate–General for Internal Market, Industry, Entrepreneurship and Smes, Regional Innovation Scoreboard 2017 [R]. Publications Office, 2017.

[42] Fichter K. Innovation Communities: The Role of Networks of Promotors in Open Innovation [J]. R&D Management, 2009, 39 (4): 357-371.

[43] Fleming L, Sorenson, O. Technology as a Complex Adaptive System: Evidence form Patent Data [J]. Research Policy, 2001, 30 (7): 1019-1039.

[44] Fleming L, Waguespack D M. Brokerage, Boundary Spanning, and Leadership in Open Innovation Communities [J]. Organization Science, 2007, 18 (2): 165-180.

[45] Freeman C, Soete L. The Economics of Industrial Innovation [M]. Third Edition, Cambridge: MIT Press, 1997.

[46] Freeman C. The National System of Innovation in Historical Perspective [J]. Cambridge Journal of Economics, 1995, 19 (1): 5-24.

[47] Fritsch M, Kauffeld-Monz M. The Impact of Network Structure on Knowledge Transfer: An Application of Social Network Analysis in the Context of Regional Innovation Networks [J]. The Annals of Regional Science, 2010, 44 (1): 21-38.

［48］Galbraith J K. The Consequences of Technology ［J］. Journal of Account-
ancy, 1969 (127): 44-56.

［49］Gans J S, Stern S. The Product Market and the Market for "Ideas": Com-
mercialization Strategies for Technology Entrepreneurs ［J］. Research Policy, 2003,
32 (2): 333-350.

［50］Gassmann O. Opening Up the Innovation Process: Towards an Agenda
［J］. R&D Management, 2006, 36 (3): 223-228.

［51］Gibbons M, Johnston R. The Roles of Science in Technological Innovation
［J］. Research Policy, 1974, 3 (3): 220-242.

［52］Giuliani E, Bell M. The Micro-Determinants of Meso-Level Learning and
Innovation: Evidence form a Chilean Wine Cluster ［J］. Research Policy, 2005, 34
(1): 47-68.

［53］González A, TeräSvirta T, Van Dijk D. Panel Smooth Transition Model and
an Application to Investment Under Credit Constraints ［R］. Working Paper, Stock-
holm School of Economics, 2005.

［54］Granstrand O, Holgersson M. Innovation Ecosystems: A Conceptual Review
and a New Definition ［J］. Technovation, 2020 (90): 102098.

［55］Greve H R, Baum J A, Mitsuhashi H, Rowley T J. Built to Last But Fall-
ing Apart: Cohesion, Friction, and Withdrawal form Interfirm Alliances ［J］. Acade-
my of Management Journal, 2010, 53 (2): 302-322.

［56］Griliches Z. Productivity, R&D, and Basic Research at the Firm Level in
the 1970s ［J］. American Economic Review, 1986, 76 (1): 141-154.

［57］Grimaldi R, Kenney M, Piccaluga A. University Technology Transfer, Re-
gional Specialization and Local Dynamics: Lessons form Italy ［J］. The Journal of
Technology Transfer, 2021 (46): 855-865.

［58］Grimpe C, Hussinger K. Formal and Informal Knowledge and Technology
Transfer from Academia to Industry: Complementarity Effects and Innovation Perform-
ance ［J］. Industry and Innovation, 2013, 20 (8): 683-700.

［59］Grimpe C, Kaiser U. Balancing Internal and External Knowledge Acquisi-
tion: The Gains and Pains from R&D Outsourcing ［J］. Journal of Management Stud-
ies, 2010, 47 (8): 1483-1509.

［60］Guechtouli W, Rouchier J, Orillard M. Structuring Knowledge Transfer from Experts to Newcomers ［J］. Journal of Knowledge Management, 2013, 17 (1): 47-68.

［61］Gulati R, Gargiulo M. Where do Interorganizational Networks Come From? ［J］. American Journal of Sociology, 1999, 104 (5): 1439-1493.

［62］Gulati R., Puranam P, Tushman M. Meta-Organization Design: Rethinking Design in Interorganizational and Community Contexts ［J］. Strategic Management Journal, 2012, 33 (6): 571-586.

［63］Hagedoorn J, Schakenraad J. The Effect of Strategic Technology Alliances on Company Performance ［J］. Strategic Management Journal, 2012, 15 (4): 291-309.

［64］Hall B H, Mairesse J. Exploring the Relationship between R&D and Productivity in French Manufacturing Firms ［J］. Journal of Econometrics, 1995, 65 (1): 263-293.

［65］Hall R E, Jones C I. Why do Some Countries Produce So Much More Output Per Worker than Others? ［J］. The Quarterly Journal of Economics, 1999, 114 (1): 83-116.

［66］Hansen B E. Threshold Effects in Non-Dynamic Panels: Estimation, Testing, and Inference ［J］. Journal of Econometrics, 1999, 93 (2): 345-368.

［67］Hansen M T. The Search-Transfer Problem: The Role of Weak Ties in Sharing Knowledge Across Organization Subunits ［J］. Administrative Science Quarterly, 1999, 44 (1): 82-111.

［68］Hanusch H, Pyka A. Elgar Companion to Neo-Schumpeterian Economics ［M］. Cambridge: Edward Elgar Publishing, 2007.

［69］Hanusch H, Pyka A. Principles of Neo-Schumpeterian Economics ［J］. Cambridge Journal of Economics, 2007, 31 (2): 275-289.

［70］Hausman J A, Hall B H, Griliches Z. Econometric Models for Count Data With an Application to the Patents-R&D Relationship ［R］. National Bureau of Economic Research, 1984.

［71］Hertzfeld H R, Link A N, Vonortas N S. Intellectual Property Protection Mechanisms in Research Partnerships ［J］. Research Policy, 2006, 35 (6):

825-838.

[72] Hoekman J, Frenken K, Van Oort F. The Geography of Collaborative Knowledge Production in Europe [J]. The Annals of Regional Science, 2009, 43 (3): 721-738.

[73] Hong W, Su Y-S. The Effect of Institutional Proximity in Non-Local University-Industry Collaborations: An Analysis Based on Chinese Patent Data [J]. Research Policy, 2013, 42 (2): 454-464.

[74] Hong W. Decline of the Center: The Decentralizing Process of Knowledge Transfer of Chinese Universities from 1985 to 2004 [J]. Research Policy, 2008, 37 (4): 580-595.

[75] Inkpen A C, Tsang E W. Social Capital, Networks, and Knowledge Transfer [J]. Academy of Management Review, 2005, 30 (1): 146-165.

[76] Jaffe A B, Trajtenberg M, Fogarty M S. Knowledge Spillovers and Patent Citations: Evidence from a Survey of Inventors [J]. American Economic Review, 2000, 90 (2): 215-218.

[77] Jaffe A B. Real Effects of Academic Research [J]. The American Economic Review, 1989, 79 (5): 957-970.

[78] Koschatzky K, Kulicke M. Innovation Networks: Concepts and Challenges in the European Perspective with 28 Tables [M]. Karlsruhe: Springer Science & Business Media, 2001.

[79] Laursen K, Salter A. Open for Innovation: The Role of Openness in Explaining Innovation Performance Among UK Manufacturing Firms [J]. Strategic Management Journal, 2006, 27 (2): 131-150.

[80] Leischnig A, Geigenmuller A. Examining Alliance Management Capabilities in University-Industry Collaboration [J]. The Journal of Technology Transfer, 2020, 45 (1): 9-30.

[81] Leydesdorff L, Etzkowitz H. Emergence of A Triple Helix of University-Industry-Government Relations [J]. Science and Public Policy, 1996, 23 (5): 279-286.

[82] Leydesdorff L, Vaughan L. Co-Occurrence Matrices and Their Applications in Information Science: Extending ACA to the Web Environment [J]. Journal of the

American Society for Information Science and Technology, 2006, 57 （12）: 1616-1628.

［83］ Lichtenthaler U. Open Innovation: Past Research, Current Debates, and Future Directions ［J］. Academy of Management Perspectives, 2011, 25 （1）: 75-93.

［84］ Liebowitz J, Wright K. Does Measuring Knowledge Make "Cents"? ［J］. Expert Systems with Applications, 1999, 17 （2）: 99-103.

［85］ Lind J T, Mehlum H. With Or Without U? The Appropriate Test for a U-Shaped Relationship ［J］. Oxford Bulletin of Economics and Statistics, 2010, 72 （1）: 109-118.

［86］ Liu F C, Simon D F, Sun Y T, Cao C. China's Innovation Policies: Evolution, Institutional Structure, and Trajectory ［J］. Research Policy, 2011, 40 （7）: 917-931.

［87］ Lokshin B, Belderbos R, Carree M. The Productivity Effects of Internal and External R&D: Evidence from a Dynamic Panel Data Model ［J］. Oxford Bulletin of Economics and Statistics, 2008, 70 （3）: 399-413.

［88］ Love J H, Roper S. The Determinants of Innovation: R&D, Technology Transfer and Networking Effects ［J］. Review of Industrial Organization, 1999, 15 （1）: 43-64.

［89］ Lundvall B A. National Systems of Innovation: Toward a Theory of Innovation and Interactive Learning ［M］. London: Anthem Press, 2010.

［90］ Lynn L H, Reddy N M, Aram J D. Linking Technology and Institutions: The Innovation Community Framework ［J］. Research Policy, 1996, 25 （1）: 91-106.

［91］ Mansfield E. Academic Research Underlying Industrial Innovations: Sources, Characteristics, and Financing ［J］. The Review of Economics and Statistics, 1995, 77 （1）: 55-65.

［92］ Meyer-Krahmer F, Schmoch U. Science-Based Technologies: University-Industry Interactions in Four Fields ［J］. Research Policy, 1998, 27 （8）: 835-851.

［93］ Moore J F. The Death of Competition: Leadership and Strategy in the Age of

Business Ecosystems [M] . Harperbusiness, 2016.

[94] Moreno R, Paci R, Usai S. Spatial Spillovers and Innovation Activity in European Regions [J] . Environment and Planning A, 2005, 37 (10): 1793-1812.

[95] Narula R. R&D Collaboration By Smes: New Opportunities and Limitations in the Face of Globalisation [J] . Technovation, 2004, 24 (2): 153-161.

[96] Nelson R R, Rosenberg N. National Innovation Systems: A Comparative Analysis [M] . New York: Oxford University Press, 1993.

[97] Newman M E, Girvan M. Finding and Evaluating Community Structure in Networks [J] . Physical Review E, 2004, 69 (2): 026113.

[98] Niebel T, O' Mahony M, Saam M. The Contribution of Intangible Assets to Sectoral Productivity Growth in the EU [J] . Review of Income and Wealth, 2017, 63: S49-S67.

[99] Nieto M, Quevedo P. Absorptive Capacity, Technological Opportunity, Knowledge Spillovers, and Innovative Effort [J] . Technovation, 2005, 25 (10): 1141-1157.

[100] Nonaka I, Takeuchi H. The Knowledge Creation Company: How Japanese Companies Create the Dynamics of Innovation [M] . New York: Oxford University Press, 1995.

[101] OECD. Benchmarking Industry - Science Relations [R] . Paris: OECD Publishing, 2002.

[102] OECD. Innovation and Growth [R] . Paris: OECD Publishing, 2007.

[103] OECD. National Innovation Systems [R] . Paris: OECD Publishing, 1997.

[104] OECD. New Sources of Growth: Knowledge-Based Capital [R] . Paris: OECD Publishing, 2013.

[105] OECD. Managing National Innovation Systems [R] . Paris: OECD Publishing, 1999.

[106] OECD. Supporting Investment in Knowledge Capital, Growth and Innovation [R] . Paris: OECD Publishing, 2013.

[107] OECD. Reviews of Regional Innovation: Catalonia, Spain [R] . Paris: OECD Publishing, 2010.

［108］OECD. Reviews of Regional Innovation：Central and Southern Denmark ［R］. Paris：OECD Publishing, 2012.

［109］OECD. Reviews of Regional Innovation：Piedmont, Italy ［R］. Paris：OECD Publishing, 2009.

［110］OECD. Reviews of Regional Innovation：Wallonia, Belgium ［R］. Paris：OECD Publishing, 2012.

［111］OECD. The Knowledge-based Economy：A Set of Facts and Figures ［R］. Paris：OECD Publishing, 1999.

［112］OECD. The Knowledge-based Economy ［R］. Paris：OECD Publishing, 1996.

［113］Pakes A, Griliches Z. Patents and R&D at the Firm Level：A First Report ［J］. Economics Letters, 1980, 5 (4)：377-381.

［114］Pakes A, Schankerman M. The Rate of Obsolescence of Patents, Research Gestation Lags, and the Private Rate of Return to Research Resources ［M］. New York：University of Chicago Press, 1984.

［115］Parida V, Westerberg M, Frishammar J. Inbound Open Innovation Activities in High-Tech SMEs：The Impact on Innovation Performance ［J］. Journal of Small Business Management, 2012, 50 (2)：283-309.

［116］Park H, Ree J J, Kim K. Identification of Promising Patents for Technology Transfers Using TRIZ Evolution Trends ［J］. Expert Systems with Applications, 2013, 40 (2)：736-743.

［117］Pavitt K. Public Policies to Support Basic Research：What Can the Rest of the World Learn from US Theory and Practice? ［J］ Industrial and Corporate Change, 2001, 10 (3)：761-779.

［118］Phelps C, Heidl R, Wadhwa A. Knowledge, Networks, and Knowledge Networks：A Review and Research Agenda ［J］. Journal of Management, 2012, 38 (4)：1115-1166.

［119］Pisano G P. The R&D Boundaries of the Firm：An Empirical Analysis ［J］. Administrative Science Quarterly, 1990, 35 (1)：153-176.

［120］Ponds R, Van Oort F, Frenken K. Innovation, Spillovers and University-Industry Collaboration：An Extended Knowledge Production Function Approach

[J] . Journal of Economic Geography, 2010, 10 (2): 231-255.

[121] Ponomariov B. Government – Sponsored University – Industry Collaboration and the Production of Nanotechnology Patents in US Universities [J] . The Journal of Technology Transfer, 2013, 38 (6): 749-767.

[122] Porter M. Competitive Strategy [M] . New York: Free Press, 1980.

[123] Pouder R, St John C H. Hot Spots and Blind Spots: Geographical Clusters of Firms and Innovation [J] . Academy of Management Review, 1996, 21 (4): 1192-1225.

[124] Powell D. Quantile Regression with Nonadditive Fixed Effects [EB/OL]. Mimeo, Available At: Http: //Works. Bepress. Com/David_ Powell/1/, 2016.

[125] Ramani S V, De Looze M A. Using Patent Statistics As Knowledge Base Indicators in the Biotechnology Sectors: An Application to France, Germany and the UK [J] . Scientometrics, 2002, 54 (3): 319-346.

[126] Reagans R, Mcevily B. Network Structure and Knowledge Transfer: The Effects of Cohesion and Range [J] . Administrative Science Quarterly, 2003, 48 (2): 240-267.

[127] Rigby D, Zook C. Open–Market Innovation [J] . Harvard Business Review, 2002, 80 (10): 80-93.

[128] Rojas M G A, Solis E R R, Zhu J J J. Innovation and Network Multiplexity: R&D and the Concurrent Effects of Two Collaboration Networks in an Emerging Economy [J] . Research Policy, 2018, 47 (6): 1111-1124.

[129] Romer P M. Endogenous Technological Change [J] . Journal of Political Economy, 1990, 98 (15): S71-S102.

[130] Roodman D. How to do Xtabond2: An Introduction to Difference and System Gmm in Stata [J] . Center for Global Development Working Paper No. 103, Washington, 2006.

[131] Rosenkopf L, Padula G. Investigating the Microstructure of Network Evolution: Alliance Formation in the Mobile Communications Industry [J] . Organization Science, 2008, 19 (5): 669-687.

[132] Rothwell R. Successful Industrial Innovation: Critical Factors for the 1990s [J] . R&D Management, 1992, 22 (3): 221-240.

［133］Salavisa I, Sousa C, Fontes M. Topologies of Innovation Networks in Knowledge-Intensive Sectors: Sectoral Differences in the Access to Knowledge and Complementary Assets Through Formal and Informal Ties ［J］. Technovation, 2012, 32 （6）: 380-399.

［134］Santoro M D, Bierly P E. Facilitators of Knowledge Transfer in University-Industry Collaborations: A Knowledge-based Perspective ［J］. IEEE Transactions on Engineering Management, 2006, 53 （4）: 495-507.

［135］Schartinger D, Schibany A, Gassler H. Interactive Relations between Universities and Firms: Empirical Evidence for Austria ［J］. The Journal of Technology Transfer, 2001, 26 （3）: 255-268.

［136］Schilling M A, Phelps C C. Interfirm Collaboration Networks: The Impact of Large-Scale Network Structure on Firm Innovation ［J］. Management Science, 2007, 53 （7）: 1113-1126.

［137］Shaikh M, Levina N. Selecting an Open Innovation Community As an Alliance Partner: Looking for Healthy Communities and Ecosystems ［J］. Research Policy, 2019, 48 （8）: 103766.

［138］Shipilov A, Gawer A. Integrating Research on Interorganizational Networks and Ecosystems ［J］. Academy of Management Annals, 2020, 14 （1）: 92-121.

［139］Solow R M. Technical Change and the Aggregate Production Function ［J］. The Review of Economics and Statistics, 1957, 39 （3）: 312-320.

［140］Sorenson O, Rivkin J W, Fleming L. Complexity, Networks and Knowledge Flow ［J］. Research Policy, 2006, 35 （7）: 994-1017.

［141］Sveiby K E. The Intangible Assets Monitor ［J］. Journal of Human Resource Costing & Accounting, 1997, 2 （1）: 73-97.

［142］Sytch M, Tatarynowicz A, Gulati R. Toward a Theory of Extended Contact: The Incentives and Opportunities for Bridging Across Network Communities ［J］. Organization Science, 2012, 23 （6）: 1658-1681.

［143］Sytch M, Tatarynowicz A. Exploring the Locus of Invention: The Dynamics of Network Communities and Firms' Invention Productivity ［J］. Academy of Management Journal, 2014, 57 （1）: 249-279.

［144］Teräsvirta T, Van Dijk D, Medeiros M C. Linear Models, Smooth Transition Autoregressions, and Neural Networks for Forecasting Macroeconomic Time Series: A Re – Examination [J] . International Journal of Forecasting, 2005, 21 (4): 755-774.

[145] Thomas A, Paul J. Knowledge Transfer and Innovation Through University-Industry Partnership: An Integrated Theoretical View [J] . Knowledge Management Research & Practice, 2019, 17 (4): 436-448.

[146] Thune T. University – Industry Collaboration: The Network Embeddedness Approach [J] . Science and Public Policy, 2007, 34 (3): 158-168.

[147] Timmermans B, Boschma R. The Effect of Intra–and Inter–Regional Labour Mobility on Plant Performance in Denmark: The Significance of Related Labour Inflows [J] . Journal of Economic Geography, 2013, 14 (2): 289-311.

[148] Tortoriello M, Reagans R, Mcevily B. Bridging the Knowledge Gap: The Influence of Strong Ties, Network Cohesion, and Network Range on the Transfer of Knowledge Between Organizational Units [J] . Organization Science, 2012, 23 (4): 1024-1039.

[149] Tsai W. Knowledge Transfer in Intraorganizational Networks: Effects of Network Position and Absorptive Capacity on Business Unit Innovation and Performance [J] . Academy of Management Journal, 2001, 44 (5): 996-1004.

[150] Van de Ven A H. Central Problems in the Management of Innovation [J] . Management Science, 1986, 32 (5): 590-607.

[151] Vega-Jurado J, Gutiérrez-Gracia A, Fernández-De-Lucio I. Does External Knowledge Sourcing Matter for Innovation? Evidence form the Spanish Manufacturing Industry [J] . Industrial and Corporate Change, 2009, 18 (4): 637-670.

[152] Veugelers R, Cassiman B. Foreign Subsidiaries As a Channel of International Technology Diffusion: Some Direct Firm Level Evidence from Belgium [J] . European Economic Review, 2004, 48 (2): 455-476.

[153] Wang J, Yang N. Dynamics of Collaboration Network Community and Exploratory Innovation: The Moderation of Knowledge Networks [J] . Scientometrics, 2019, 121 (2): 1067-1084.

[154] Wanzenböck I, Scherngell T, Lata R. Embeddedness of European Regions in European Union-Funded Research and Development (R&D) Networks: A Spatial

Econometric Perspective ［J］. Regional Studies, 2015, 49（10）: 1685-1705.

［155］ Wasserman S, Faust K. Social Network Analysis: Methods and Applications ［M］. New York: Cambridge University Press, 1994.

［156］ Wei L, Dang X. Study on the Emergence of Technological Innovation Network Community Structure and Effect on Ambidexterity Innovation in Asymmetric Perspective ［J］. Operations Research and Management Science, 2017, 26（10）: 188-199.

［157］ West J, Lakhani K R. Getting Clear about Communities in Open Innovation ［J］. Industry and Innovation, 2008, 15（2）: 223-231.

［158］ Windmeijer F. A Finite Sample Correction for the Variance of Linear Efficient Two-Step Gmm Estimators ［J］. Journal of Econometrics, 2005, 126（1）: 25-51.

［159］ Wooldridge J M. Econometric Analysis of Cross Section and Panel Data ［M］. London: MIT Press, 2002.

［160］ Wu W, Zhou Y. The Third Mission Stalled? Universities in China's Technological Progress ［J］. The Journal of Technology Transfer, 2012, 37（6）: 812-827.

［161］ Wu Y. Capital Stock Estimates for China's Regional Economies: Results and Analyses ［R］. Economics Discussion/Working Papers, 2007.

［162］ Yan Y, Guan J. Social Capital, Exploitative and Exploratory Innovations: The Mediating Roles of Ego-Network Dynamics ［J］. Technological Forecasting and Social Change, 2018（126）: 244-258.

［163］ Ye Y, De Moortel K, Crispeels T. Network Dynamics of Chinese University Knowledge Transfer ［J］. The Journal of Technology Transfer, 2020（45）: 1228-1254.

［164］ Zaheer A, Mcevily B, Perrone V. Does Trust Matter? Exploring the Effects of Interorganizational and Interpersonal Trust on Performance ［J］. Organization Science, 1998, 9（2）: 141-159.

［165］ Zaheer A, Soda G. Network Evolution: The Origins of Structural Holes ［J］. Administrative Science Quarterly, 2009, 54（1）: 1-31.

［166］ Zahra S A, George G. Absorptive Capacity: A Review, Reconceptualization, and Extension ［J］. Academy of Management Review, 2002, 27 (2): 185-203.

［167］Zahra S A, Hayton J C. The Effect of International Venturing on Firm Performance: The Moderating Influence of Absorptive Capacity ［J］. Journal of Business Venturing, 2008, 23 (2): 195-220.

［168］Zang J. Structural Holes, Exploratory Innovation and Exploitative Innovation ［J］. Management Decision, 2018, 56 (8): 1682-1695.

［169］Zhou R, Tang P. The Role of University Knowledge Transfer Offices: Not Just Commercialize Research Outputs! ［J］ Technovation, 2020 (90): 102100.

［170］［美］理查德·R. 纳尔逊, （美）悉尼·G. 温特. 经济变迁的演化理论 ［M］. 胡世凯译. 北京: 商务印书馆, 1997.

［171］［美］约瑟夫·熊彼特. 经济发展论 ［M］. 何畏, 易家详译. 北京: 商务印书馆, 1990.

［172］白俊红, 江可申, 李婧. 应用随机前沿模型评测中国区域研发创新效率 ［J］. 管理世界, 2009 (10): 51-61.

［173］白俊红, 蒋伏心. 协同创新, 空间关联与区域创新绩效 ［J］. 经济研究, 2015, 7: 174-187.

［174］陈劲, 阳银娟. 协同创新的理论基础与内涵 ［J］. 科学学研究, 2012, 30 (2): 161-164.

［175］陈钰芬, 陈劲. 开放度对企业技术创新绩效的影响 ［J］. 科学学研究, 2008, 26 (2): 419-426.

［176］程惠芳, 陆嘉俊. 知识资本对工业企业全要素生产率影响的实证分析 ［J］. 经济研究, 2014, 5 (174): 187.

［177］樊霞, 陈丽明, 刘炜. 产学研合作对企业创新绩效影响的倾向得分估计研究——广东省部产学研合作实证 ［J］. 科学学与科学技术管理, 2013, 34 (2): 63-69.

［178］傅利平, 周小明, 罗月丰. 知识溢出与产学研合作创新网络的耦合机制研究 ［J］. 科学学研究, 2013, 31 (10): 1541-1547.

［179］高敏雪, 王文静. 企业研发投入: 政府统计与企业会计核算方法比较 ［J］. 统计研究, 2016, 33 (10): 3-11.

［180］高敏雪. 研发资本化与 GDP 核算调整的整体认识与建议 ［J］. 统计

研究，2017（4）：4-14.

［181］郭晓川．合作技术创新——大学与企业合作的理论和实证［M］．北京：经济管理出版社，2001.

［182］何晓清．创新网络演化视角下的区域创新机制研究——以高技术产业和中低技术产业为例［J］．研究与发展管理，2017，29（1）：22-31.

［183］何郁冰．产学研协同创新的理论模式［J］．科学学研究，2012，30（2）：165-174.

［184］江永宏，孙凤娥．中国 R&D 资本存量测算：1952—2014 年［J］．数量经济技术经济研究，2016（7）：112-129.

［185］江志鹏，樊霞，朱桂龙，等．技术势差对企业技术能力影响的长短期效应——基于企业产学研联合专利的实证研究［J］．科学学研究，2018，36（1）：131-139.

［186］解学梅，吴永慧，赵杨．协同创新影响因素与协同模式对创新绩效的影响——基于长三角 316 家中小企业的实证研究［J］．管理评论，2015，27（8）：77-89.

［187］金怀玉，菅利荣．考虑滞后效应的我国区域科技创新效率及影响因素分析［J］．系统工程，2013，31（9）：98-106.

［188］李敏，刘雨梦，徐雨森．中国科协政策体系的演变历程，趋势与建议——基于 2001 年以来 469 项中国科协文件的统计分析［J］．中国科技论坛，2018（2）：1-9.

［189］李平，崔喜君，刘建．中国自主创新中研发资本投入产出绩效分析［J］．中国社会科学，2007（2）：32-42.

［190］李习保．中国区域创新能力变迁的实证分析：基于创新系统的观点［J］．管理世界，2007（12）：18-30.

［191］刘凤朝，马荣康，姜楠．基于"985 高校"的产学研专利合作网络演化路径研究［J］．中国软科学，2011（7）：178-192.

［192］刘凤朝，马荣康，姜楠．区域创新网络结构，绩效及演化研究综述［J］．管理学报，2013，10（1）：140-145.

［193］刘凤朝，孙玉涛．我国科技政策向创新政策演变的过程，趋势与建议——基于我国 289 项创新政策的实证分析［J］．中国软科学，2007（5）：34-42.

［194］刘桂锋，卢章平，刘琼．基于社会网络分析的江苏省高校产学研专利合作研究［J］．情报杂志，2015，34（1）：122-126.

［195］刘学元，丁雯婧，赵先德．企业创新网络中关系强度，吸收能力与创新绩效的关系研究［J］．南开管理评论，2016，1（33）：30-42.

［196］刘志迎，单洁含．技术距离，地理距离与大学-企业协同创新效应——基于联合专利数据的研究［J］．科学学研究，2013，31（9）：1331-1337.

［197］柳卸林，许倞．国家创新系统：现状与未来［M］．北京：经济管理出版社，1999.

［198］柳卸林．区域创新体系成立的条件和建设的关键因素［J］．中国科技论坛，2003（1）：18-22.

［199］鲁若愚．企业大学合作创新的机理研究［D］．清华大学博士学位论文，2002.

［200］马艳艳，刘凤朝，孙玉涛．中国大学——企业专利申请合作网络研究［J］．科学学研究，2011，29（3）：390-395.

［201］马艳艳，孙玉涛．中国技术省际交易空间分布模式及前后向关联［J］．科学学与科学技术管理，2014，35（4）：41-49.

［202］彭纪生，孙文祥，仲为国．中国技术创新政策演变与绩效实证研究（1978-2006）［J］．科研管理，2008，29（4）：134-150.

［203］司尚奇，冯锋．我国跨区域技术转移联盟研究——基于38个城市合作网络分析［J］．科学学研究，2010，28（8）：1165-1170.

［204］孙玉涛，刘小萌．校企研发合作与技术转移关系——技术转移中心的调节作用［J］．科学学与科学技术管理，2017，38（9）：13-22.

［205］王开阳，沈华，陈锐．国家创新系统中的连接性政策：概念与应用［J］．科学学研究，2018，36（3）：418-424.

［206］王黎萤，池仁勇．专利合作网络研究前沿探析与展望［J］．科学学研究，2015（1）：55-61.

［207］王珊珊，邓守萍，王宏起．华为公司专利产学研合作：特征，网络演化及其启示［J］．科学学研究，2018，36（4）：701-713.

［208］王伟光，冯荣凯，尹博．产业创新网络中核心企业控制力能够促进知识溢出吗？［J］．管理世界，2015（6）：99-109.

［209］王文岩，孙福全，申强．产学研合作模式的分类，特征及选择

[J] . 中国科技论坛，2008（5）：37-40.

[210] 王亚菲，王春云 . 中国行业层面研究与试验发展资本存量核算 [J] . 数量经济技术经济研究，2018，35（1）：94-110.

[211] 王元地，刘凤朝，潘雄锋 . 专利技术许可与中国企业创新能力发展 [J] . 科学学研究，2011，29（12）：1821-1828.

[212] 魏江，应瑛，刘洋 . 研发网络分散化，组织学习顺序与创新绩效：比较案例研究 [J] . 管理世界，2014（2）：137-151.

[213] 魏守华，吴贵生，吕新雷 . 区域创新能力的影响因素——兼评我国创新能力的地区差距 [J] . 中国软科学，2010（9）：76-85.

[214] 魏守华，吴贵生 . 我国跨行政区科技合作的成因，模式与政策建议 [J] . 中国软科学，2004（7）：100-105.

[215] 吴延兵 . 自主研发，技术引进与生产率 [J] . 经济研究，2008（8）：51-64.

[216] 吴翌琳，吴洁琼 . 中国科技创新合作网络研究 [J] . 统计研究，2017，34（5）：94-101.

[217] 吴玉鸣 . 大学知识创新与区域创新环境的空间变系数计量分析 [J] . 科研管理，2010（5）：116-123.

[218] 吴玉鸣 . 工业研发、产学合作与创新绩效的空间面板计量分析 [J] . 科研管理，2015，36（4）：118-127.

[219] 肖丁丁，朱桂龙，王静 . 政府科技投入对企业 R&D 支出影响的再审视—基于分位数回归法的实证研究 [J] . 研究与发展管理，2013（3）：25-31.

[220] 肖利平，何景媛 . 吸收能力，制度质量与技术追赶绩效——基于大中型工业企业数据的经验分析 [J] . 中国软科学，2015（7）：137-147.

[221] 徐盈之，朱依曦，孙剑 . 知识溢出与区域经济增长：基于空间计量模型的实证研究 [J] . 科研管理，2010（6）：105-112.

[222] 杨林涛，韩兆洲，王昭颖 . 多视角下 R&D 资本化测算方法比较与应用 [J] . 数量经济技术经济研究，2015（12）：90-106.

[223] 姚潇颖，卫平，李健 . 产学研合作模式及其影响因素的异质性研究——基于中国战略新兴产业的微观调查数据 [J] . 科研管理，2017，38（8）：1-10.

[224] 原毅军，于长宏 . 产学研合作与企业内部研发：互补还是替代？——

关于企业技术能力"门限"效应的分析［J］．科学学研究，2012，30（12）：1862-1870.

［225］张贵，温科，等．创新生态系统：理论与实践［M］．北京：经济管理出版社，2018.

［226］张军，吴桂英，张吉鹏．中国省际物质资本存量估算：1952-2000［J］．经济研究，2004（10）：35-44.

［227］张巍，党兴华．企业网络权力与网络能力关联性研究——基于技术创新网络的分析［J］．科学学研究，2011，29（7）：1094-1101.

［228］周磊，马廷灿，杨威．创造性破坏视角下专利引文分析方法的应用研究［J］．情报杂志，2014，33（1）：27-31.

［229］朱平芳，徐伟民．上海市大中型工业行业专利产出滞后机制研究［J］．数量经济技术经济研究，2005，22（9）：136-142.

［230］朱平芳，徐伟民．政府的科技激励政策对大中型工业企业 R&D 投入及其专利产出的影响——上海市的实证研究［J］．经济研究，2003（6）：45-53.